2022

最美教师

◎ 中共中央宣传部宣传教育局 编

学习出版社

图书在版编目（CIP）数据

2022最美教师 / 中共中央宣传部宣传教育局编. --
北京：学习出版社，2023.9

ISBN 978-7-5147-1217-9

Ⅰ. ①2… Ⅱ. ①中… Ⅲ. ①优秀教师－先进事迹－
中国 Ⅳ. ①K825.46

中国国家版本馆CIP数据核字(2023)第122255号

2022最美教师
2022 ZUIMEI JIAOSHI
中共中央宣传部宣传教育局　编

责任编辑：朱仕娣
技术编辑：胡　啸

出版发行：学习出版社
　　　　　北京市崇外大街11号新成文化大厦B座11层（100062）
　　　　　010-66063020　010-66061634　010-66061646
网　　址：http://www.xuexiph.cn
经　　销：新华书店
印　　刷：北京中科印刷有限公司

开　　本：710毫米×1000毫米　1/16
印　　张：14.5
字　　数：162千字
版次印次：2023年9月第1版　2023年9月第1次印刷

书　　号：ISBN 978-7-5147-1217-9
定　　价：47.00元

如有印装错误请与本社联系调换，电话：010-67081356

前　言

在第三十八个教师节到来之际，中央宣传部、教育部联合向全社会公开发布2022年全国"最美教师"先进事迹。他们是：华中科技大学教授熊有伦，沈阳体育学院教授牛雪松，郑州大学副教授周荣方，天津职业大学教授李建国，海南省旅游学校教师何燕，江西省上犹县特殊教育学校校长蒙芳，福建省福州三中校长陈炜，安徽省安庆市罗岭中心学校教师韩龙，浙江省金华市浦江县郑宅镇中心小学教师祝响响，山东省青岛西海岸新区积米崖中心幼儿园副园长管延伟。高校银龄教师支援西部计划教师团队荣获年度"最美教师团队"。为宣传学习"太空授课"对广大青少年科技教育的重要意义，推选"最美太空教师"中国航天员中心王亚平航天员为特别致敬人物。

这些"最美教师"，都是来自教育一线的教师。他们中既有坚守在边远艰苦地区的乡村教师和支教教师代表，又有职业教育中达到国家技能大师水平的"双师型"教师典型；既有优秀退役军人到欠发达地区担任乡村音乐教师代表，又有在体育教育领域默默奉献培育为国争光运动员的教师典型；既有深受大学生喜爱的思政课教师代表，也有致力于核心技术自主创新的高精尖教师典型……他们涵盖了高教、职教、基教、幼教、特教等各级各类教育，师德表现和教书育人实绩突出、事迹感人，具有广泛的代表性，充分展示了教师队伍有理想信念、有道德情操、有扎实学识、有仁爱之心的良好精神风貌。

为深入学习贯彻习近平总书记关于教育的重要论述，认真落实习近平总书记教师节重要寄语精神，发掘宣传基层优秀教师典型，展示广大教师时代风采，大力弘扬尊师重教良好风尚，我们组织编写了本书，进一步讲好"最美教师"扎根讲台默默奉献，把满腔热情和全部精力献给教育事业的生动故事，激励全体教师学习最美、争当最美，努力成为"经师"和"人师"相统一的"大先生"，以赤诚之心、奉献之心、仁爱之心投身教育事业，在全党全社会大力弘扬尊师重教的社会风尚，推动形成优秀人才竞相从教、广大教师尽展其才、好老师不断涌现的良好局面，为加快推进教育现代化、办好人民满意的教育、培养德智体美劳全面发展的社会主义建设者和接班人作出更大贡献。

2022 最美教师

目 录

熊有伦

牛雪松

管延伟

高校银龄教师支援西部计划教师团队

王亚平

视频·链接

熊有伦 ○───────────

潜心治学　悉心育人

◎ 吴　月

　　华中科技大学教授、中国科学院院士熊有伦是我国机械工程领域知名专家。如今 83 岁的他，每天的工作依然忙碌。接到记者电话前，他刚刚在办公室指导完青年师生。从上午 9 点到中午 12 点多，熊有伦与年轻人围坐在一起讨论，时间不知不觉过去……半个多世纪的岁月中，他始终坚持在教学、科研一线，传道授业解惑，教育和影响了一大批优秀科技人才。

"培养人才一定要保持前瞻性"

　　"机器人学是一门综合性学科，将会带动有关技术学科、信息学科以及传媒学科的深度融合与发展……"在《机器人学：建模、控制与视觉》一书前言里，熊有伦娓娓道来。

　　"我这一生主要从事几何误差评定、数字制造装备和机器人学的研究，三者的共同点之一是几何推理。"熊有伦说。建立精密测量的评定判别理论、主持开发基于微机的机器人离线编程系统……长期从事机器人学相关的几何推理研究，熊有伦取得了丰硕成果，也注重将研究成果体现在教材中。

在熊有伦看来，教材在高校人才培养中发挥着非常重要的作用。他编著的机器人领域的专著和教材，从《精密测量的数学方法》《机器人操作》《机器人技术基础》到近年出版的《机器人学：建模、控制与视觉》，无不高度关注机器人学的前沿技术理论。"机器人学科发展非常迅速，培养人才一定要保持前瞻性，教材需要不断更新改版。"他说。

熊有伦的学生记得，前几年到导师家中拜年时，总会看到他的餐桌上堆满手稿。这位白发苍苍的老人坐在计算机前，慢慢敲击键盘，输入复杂的数学符号和公式。"公式是要印在教材上的，容不得一点差错。"在这样的坚持下，熊有伦花费 3 年多的时间，完成了 70 余万字的《机器人学：建模、控制与视觉》，2021 年获得首届全国优秀教材建设奖一等奖。

"工科的专业课教材要反映最新的研究成果，这样才能培养学生的创新思维，让他们的研究领域有比较宽广的空间。"熊有伦告诉记者，自己特别注重教材的基础性、综合性、前瞻性、实践性，"希望我们的学生通过前瞻性和实践性的学习，毕业投入工作时具有解决实际问题的本领。"

"科研带教学、教学促科研"

"求学期间，印象最深刻的课就是熊老师讲授的'机器人学'。"

华中科技大学教授陶波回忆 20 多年前听课的场景，"往往还没到上课时间，教室里就已座无虚席。许多其他专业的学生也来旁听，来晚了只能站在教室外面听课。"

陶波回忆，授课过程中，熊有伦邀请了多位从事机器人领域研究的知名学者为学生作专题讲座，把前沿的理论和知识带到课堂上。"当时，我刚刚读硕士研究生一年级。在熊老师的课上，我们不仅能系统学习机器人学的基础知识，还能了解最新的学术动态。这让我感受到科研的魅力，激发了我对科研的兴趣。"陶波说。

为什么有这样的课程设计？熊有伦道出了自己的教学"秘诀"："要将教学和科研结合起来，科研带教学、教学促科研。"在教学中，他也在与青年学生一起探索新的知识。"在'机器人学'课堂上，我发现了很多优秀学生，他们是科研的新生力量。"熊有伦说。

熊有伦认为，学生的好奇心和兴趣能够激发学习和科研的积极性、主动性，他鼓励学生积极参与科研训练。"读大四时，我向熊老师表达了自己的研究兴趣后，他就鼓励我参与了一个重要的前瞻性科研项目。那是我人生中参与的第一个科研项目，当时我特别激动。"陶波说，正是导师的鼓励与支持，让自己坚定地走上了科研道路。

"希望能够鼓励更多优秀青年人才加强基础研究"

华中科技大学教授、中国科学院院士丁汉说，跟随熊有伦教授求学的时光十分难忘。"1986 年，熊老师指导我们开展机器人方向的研究。老师经常来到我们宿舍，和我们一字一句推敲论文。"丁汉说，"熊老师常说，国家需要什么，我们就研究什么。"

一次，熊有伦和丁汉共同完成的学术论文被推荐在一个重要会议上作报告。选择报告人时，熊有伦表示："学术不论头衔，应该让年轻人多锻炼，多挑担子。"因此，他推荐了当时年仅 25 岁的丁汉作报告。如今，这次报告仍是丁汉不断回味的宝贵经历。

在很多学生眼中，熊老师是自己学术道路上的引路人。他的学生王跃科说，熊老师对科学研究的沉浸，让自己十分敬佩；学生尹周平记得，熊老师鼓励自己结合国家重大需求、面向科技前沿进行创新；学生熊蔡华记得，熊老师建议自己勇于探索"无人区"，进行机器人多指手抓取研究……从教 56 年来，熊有伦培养了大批优秀科技人才。

近年来，熊有伦还捐资设立了熊有伦智湖奖励基金，鼓励和培养具有优秀思想政治素质、立志投身机器人前沿领域研究的优秀学生和青年学者。"希望能够鼓励更多优秀青年人才加强基础研究，勇攀高峰。"熊有伦说。

"今年我到北京开会时，一位获得智湖优秀青年学者奖的青年学者向我献了一束花。获奖的年轻人都很优秀，成长进步很快。"说到这儿，熊有伦开心地笑了。

如今，83 岁的熊有伦仍经常到办公室工作，指导青年教师和学生。熊有伦说："看到年轻人的成长进步，我很高兴。"

《人民日报》2022 年 9 月 11 日

熊有伦获评"突出贡献奖"：勇闯科研"无人区"50余年，报国初心从未改变

◎ 陈晓彤

3月16日，湖北省科技创新大会上，中国科学院院士、华中科技大学教授熊有伦获评"突出贡献奖"。

熊有伦是我国机械制造领域知名专家，1995年当选中国科学院院士，在精密测量、数字制造、机器人等领域取得了一系列突出成就。他主持了多项国家级重大课题。曾获国家教委科技进步奖一等奖、二等奖，国家科技进步二等奖、三等奖，国家技术发明二等奖等。57年来，他长期活跃在科研教学一线，始终服务国家重大战略需求，扎根中国大地，助力推动中国制造由自动化、数字化走向智能化，由基础走向高端。

勇闯"无人区"，创下多个"零的突破"

1966年，熊有伦从西安交通大学研究生毕业，来到华中工学院（华中科技大学前身）任教。改革开放初期，他作为华科大第一批公派出国的青年学者，以领队的身份踏上前往英国的路途。优异的学术能力让他在谢菲尔德大学备受青睐，有人劝他留下来，但他毫不犹豫地选择回国，"矢志报国是从未改变的选择"。

多年奋战在科研一线，熊有伦勇闯科研"无人区"，在精密测量、数字制造、机器人等领域取得了一系列突出成就，创下多个"零的突破"。

他与同事将微分几何理论应用于解决换刀机械手高效运动规划问题，巧妙地实现了单机械手一次换刀到位，在国际上实现突破。如今，基于熊有伦所提出的理论，关节型机器人已经广泛应用于智能制造、航空航天和军事国防领域。

他潜心精密测量理论和算法研究，系统性建立了精密测量极差极小化理论，出版了我国精密测量领域前瞻性经典著作《精密测量的数学方法》，成为我国制造业中不可或缺的一部分。

他主持开发基于微机的机器人离线编程系统，为机器人应用技术提供了有力支撑。在他的带领下，数字制造装备与技术国家重点实验室成立，取得了一批标志性成果，在国家重点实验室评估中被评为优秀，为我国高端制造装备研发作出了重要贡献。

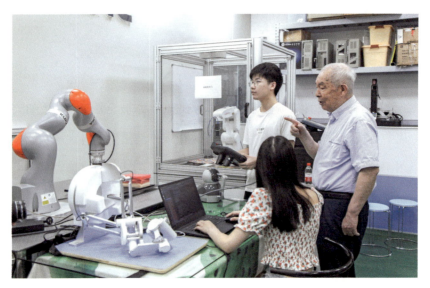

◎ 熊有伦指导学生实践操作

潜心育才的全国"最美教师"

　　作为一名教师，熊有伦坚持立德树人，教育和影响了一大批优秀的科技人才。他常对学生说："国家需要什么，我们就研究什么。"一方面要有创造精神、开拓精神，要走在科学前沿；另一方面要有独立思考的能力。

　　他的学生中，既有打硬仗的"科研国家队"，还有把学问写在祖国大地上的"创业先锋队"。其中，1人入选中科院院士、多人成为国家级高层次人才，2人博士论文入选全国优秀百篇博士论文，更有数百名学子在国防领域、国内外高校和国际龙头企业成为中流砥柱，为建设制造强国作出贡献。

　　如今，年过八旬的他仍笔耕不辍。他编写的《机器人操作》是我国第一本该方向的专著，被各大高校作为基础教材沿用至今。他编著的《机器人学：建模、控制与视觉》（第二版）获 2021 年首届全国优秀教材建设一等奖和第五届中国出版政府奖，被誉为"当前机器人学科领域具有开创性的集大成之作"，被全国 20 多所 985、211 和"双一流"高校作为教材使用，极大推动了机器人学科发展和机器人高精尖人才培养，为机器人技术发展和产业集群形成提供了理论创新源头。

2022 年，熊有伦获评全国"最美教师"。"以科技创新，启迪学生智慧。"面对全国电视观众，熊有伦这样概括自己的从教之道，"不发现知识，没有科技创新，传授知识就是无源之水。所以，启发学生去思考，去发现知识，他们的创新能力是无限的。作为一名高校教师，为国家培养德才兼备的创新人才，是我们的职责。"

长江日报大武汉客户端 2023 年 3 月 16 日讯

"培养院士的院士"
坚守讲台 56 年

◎ 李碗容　李益群　任艺霏　吴仰天　赵怀智　陈　琳

翻开我国的机械制造领域发展史，能看到一页页辉煌：建立国际首个精密测量的评定判别理论；换刀机械手在国际上实现零的突破；机器人离线编程系统填补国内机器人研发空白；发动机类零件的快速测量、数字建模及面向制造的设计实现我国汽车发动机类零件制造技术质的飞跃……几十年间，我国机械制造领域的这些重大科技创新都与中国机械制造领域专家、中国科学院院士熊有伦紧密相连。

坚守三尺讲台 56 年，熊有伦院士立德树人贡献突出，他的学生中有院士，有善打硬仗的"科研国家队"，有把学问写在祖国大地上的"创业先锋队"。

"守正创新攀制造珠峰，潜心治学育一流英才"是熊有伦院士的真实写照，教师节前夕，83 岁的他获评 2022 年度荆楚好老师特别奖。

科学报国 50 余年　攀登制造领域珠峰

1966 年，熊有伦从西安交通大学研究生毕业，来到华中工学院（华中科技大学前身）任教，改革开放初期，他作为华科大第一批公派出国的青年学者，以领队的身份踏上前往英国的路途。优异的学术能力让他在谢菲尔德大学备受青睐，有人劝他"留下来"，但熊有伦毫不犹豫地选择回国。

"科教兴国""科技报国"是他不变的初心。

机床是制造业的核心基石，但在 20 世纪 70 年代，国内还没有数控机床。凭借深厚的数学功底和机械设计基础，熊有伦开创性地将微分几何理论应用于解决换刀机械手高效运动规划问题，巧妙地实现了单机械手一次换刀到位，大大提升了换刀数控铣镗床的自动化水平，填补了国内空白，达到国际领先水平。

20 世纪 80 年代，计算机还未普及，熊有伦已意识到精密测量需要从理论模型拓展到计算机数据分析。经过多年努力，他系统性地建立了精密测量极差极小化理论，出版了我国精密测量领域前瞻性经典著作《精密测量的数学方法》；建立了集快速测量、数字建模及面向制造设计于一体的系统平台，为提高我国汽车发动机类零件自主快速开发能力和国际竞争力作出了重要贡献，获 2004 年国家科技进步二等奖。

2007 年，熊有伦在国际上发起了智能机器人与应用国际会议（ICIRA），如今，该会议已成为机器人领域具有重要影响力的国际会议之一，在中国、英国、日本、加拿大、澳大利亚、新加坡等地召开，产生了广泛的国际影响力。

2021年，在熊有伦的指导下，国家自然科学基金委机器人化智能制造基础科学中心落地华中科技大学，这是我国制造领域第一个基础科学中心，也是国家自然科学基金委迄今为止资助基础研究的"高峰"。

多年来，熊有伦扎根中国大地，主持了包括国家自然科学基金委员会"九五"重大项目、重点项目以及科技部973课题等多项国家级重大课题，助力推动中国制造由自动化、数字化走向智能化，由基础走向高端。他也获得了国家教委科技进步一等奖、二等奖，国家科技进步二等奖、三等奖，国家技术发明二等奖，何梁何利基金科学与技术进步奖等多项荣誉。

80岁写优秀教材　至今仍在指导学生

2019年，已经80岁的熊有伦仍笔耕不辍，历经3年敲出了72.9万字的著作——《机器人学：建模、控制与视觉》，荣获首届全国优秀教材建设奖一等奖，被全国20多所985、211和"双一流"高校作为教材使用。自出版至今，该教材在机器人学术界和教育界引发了强烈反响，极大地推动了机器人学科发展和机器人高精尖人才培养，为机器人技术发展和产业集群形成提供了理论创新源头，被誉为"当前机器人学科领域具有开创性的集大成之作"。

熊有伦很早就编著了我国第一本机器人方向的专著《机器人操作》，1996年，他编著的《机器人技术基础》系统介绍了机器人的基础理论和关键技术，被学界评价为难得的机器人行业入门好书，此书重印多达 23 次，畅销近 20 年，被众多学子熟读。"熊老师编著的教材，一直是我们教学的重要支撑。"上海交通大学机械与动力工程学院教授谷国迎说。

熊有伦长期坚守在教学一线，注重将前沿科学知识融入课堂教学，科研与教学相长。他的课堂深受学生喜爱，不仅本专业的学生都来听，许多外专业的学生也慕名来旁听，教室里坐不下，就站在外面听。他考核评价学生也极具个人风格，重点看学生是否消化吸收知识并形成自己的知识体系，早在 20 世纪 80 年代，他就采用不完全看考试成绩，要求学生结合自己的研究方向查阅资料、撰写研究报告。2001 年，他被评为全国模范教师和全国劳动模范。

"读研究生时，我印象最深的课就是熊老师的《机器人学》，熊老师请了好多机器人领域的专家给我们作讲座，带给我们科学研究最前沿的观点、最先进的知识，我们很早就开始领略科学研究的魅力。"熊有伦的学生、国家级高层次人才陶波教授回忆。

"培养院士的院士" 带出四代制造学人

熊有伦是机械制造领域的"巨人"，也是"培养院士的院士"：他培养的四代制造学人在制造业、高校、国防领域已成为中流砥柱，其中，1 人入选中科院院士、多人成为国家级高层次人才，2 名博士的学位论文入选全国优秀百篇博士学位论文。

中国科学院院士、华中科技大学教授丁汉忘不了跟随熊老师求学的日子。"1986 年，熊老师带着我们一起研究机器人，他常到我们宿舍来，跟我们一字一字推敲论文。当时全球范围内的工业机器人

◎ 熊有伦为学生授课《机器人学》

总数以每年 30% 以上的速度增长，但我国没有一台示教再现式关节型机器人产品，更谈不上生产应用，强烈的使命感激励着我们夜以继日地干。"丁汉说，1988 年，在中国科协成立 30 周年纪念大会上，机械工程学会推荐的唯一一篇大会报告论文是熊老师和他共同完成的，但老师推荐当时才 25 岁的他作大会报告，"他说学术不论头衔，应该让年轻人多锻炼，多挑担子，这次报告令我终身难忘，我下定决心，一定不能辜负老师的厚望。"

后来，熊有伦和丁汉共同完成的研究成果"基于微机的机器人离线编程系统 HOLPS"1995 年获得了国家科技进步三等奖，为我国机器人技术的快速发展提供了助力；2012 年，丁汉团队的"复杂曲面数字化制造的几何推理理论和方法"获国家自然科学二等奖。2013 年 12 月，丁汉被增选为中国科学院院士。

在指导学生研究方向时，熊有伦经常强调"国家需要什么，我们就研究什么"。他鼓励学生尹周平结合国家需求、面向科技前沿进行创新，开辟先进电子制造前沿研究方向；鼓励学生熊蔡华勇于探索"无人区"，深入生机电融合医疗康复方向，率先进行机器人多指手抓取研究……把论文写在祖国的大地上。

为鼓励思想政治素质好、立志投身机器人前沿领域研究的高校优秀学生和青年学者，熊有伦捐资设立了熊有伦智湖奖励基金。2021 年 12 月 16 日，第四届"熊有伦智湖优秀青年学者奖"完成评审，天津大学教授孙涛、清华大学机械工程系副教授赵慧婵、中科院深圳先进技术研究院研究员徐天添 3 位优秀青年学者获此荣誉。目前该基金累计资助了来自清华大学、北京大学、上海交通大学、哈尔滨工业大学、中科院沈阳自动化研究所等单位的 12 名优秀青年学者和多名学生。

《楚天都市报》2022 年 9 月 7 日

最美
2022
教师

牛雪松 ○────────────────────

用爱用情托起光荣与梦想

心怀梦想，立德树人

牛雪松深耕教育教学 27 年，在沈阳体育学院创设了体能训练专业方向课程体系，建立了课堂实训、课外实践和社会服务三位一体实践教学体系，坚持以学生发展为中心的育人理念，从教体能训练而育人、服务社会的视角出发，把价值观塑造、创新教育融入课程教学内容中。

牛雪松带领研究生组成师生体能训练团队积极践行奥运争光、体育强国及健康中国计划，指导国家队、省市队、军队、大众健康机构的体能训练和康复训练，传播和推广先进健康理念和体能训练方法，培养学生要具备强烈的爱国主义精神、高度的社会责任感和使命感、较强的创新精神和创业意识。曾培养 26 名硕士研究生担任 10 多支国家队体能教练，他们在指导运动员训练过程中进行科学研究，撰写并完成学位论文。所培养的学生 100% 获得硕士学位，其中 1 名学生获得省级优秀硕士论文、2 名学生获得校级优秀硕士毕业论文一等奖、2 名获得二等奖，4 名考取博士研究生，1 名研究生被选为北京冬残奥会教练，指导运动员获得 3 金、9 银、7 铜的优异成绩。牛雪松所培养的研究生大多已在高校、中学和国家队任教，传播和推广着健康训练理念和方法。因在教学中表现突出，2015 年，牛雪松被评为辽宁省优秀教师；2022 年，被评为辽宁省首届优秀研究生导师。

牛雪松心怀体育强国、健康中国梦想，作为中国体育科学学会体能训练分会常务委员、国家体育总局体能训练专家组成员，每年为国家队、省市运动队、军队、武警、健康机构和媒体传授体能训练理论和健康理念，把帮助运动员成就奥运梦想当作自己最大的快乐，把体能训练惠及每一个人当作自己人生奋斗的理想。

投身奥运，忘我工作

2008 年开始，牛雪松被借调到国家队负责备战冬奥会自由式滑雪空中技巧队运动员体能训练和康复训练。对于高危项目来说，体能训练和康复训练比重相对较大，几乎每天都有训练任务，每年在国家队的工作量都是他在学校教学工作量的 4—5 倍。回顾 4 届冬奥备战的每一个训练过程，牛雪松依然记忆犹新。2011 年，他向国家队请假回家筹备婚礼期间，国家队重点运动员徐梦桃在训练时意外受伤，膝关节内侧副韧带严重撕裂，为了不让徐梦桃错过最佳康复训练期，牛雪松放弃了婚礼筹备，立即为徐梦桃进行系统的伤后康复训练。一个半月后，徐梦桃全面康复，他自己的婚礼筹备却很仓促，就连结婚时预定的婚纱照也一直等到 2014 年索契冬奥会结束后才有时间和他的爱人还有已经 3 岁的女儿一起去拍。婚礼后的第三天牛雪松又返回学校，放弃了婚假和蜜月旅行，开始为国家队其他两名运动员进行康复训练。在牛雪松爱人怀孕和分娩的重要时期，他都在外地进行训练，甚至没有看到自己孩子的降生。在女儿成长的 11 年里，他只能通过照片和视频看着孩子渐渐长大。

创新突破，为国争光

2013 年 2 月，国家队重点运动员李妮娜在跳台训练时摔倒造成前交叉韧带断裂，这时距离 2014 年索契冬奥会比赛只有一年的时间，国际上关于前交叉韧带断裂术后康复标准需要 9—12 月才能重返专项训练，而且在康复性训练期间存在 15% 的概率再次断裂，也只有 55% 的概率可能重返赛场。而李妮娜必须在 7 个月内完全恢复并重返专项训练，才能有机会参加冬奥会。牛雪松突破了前人的研究成果，大胆摸索并创新设计了针对性极强的康复训练方案，在李妮娜经过 2 个月术后前期康复治疗恢复后，他为李妮娜进行了 4 个月的体能康复训练，使李妮娜的损伤完全恢复，基础体能和专项体能水平恢复到伤前最佳状态，术后 6 个月顺利进入专项跳台训练，术后 10 个月参加 2013—2014 赛季首站世界杯赛获得冠军，并获得 2013—2014 赛季世界杯总冠军。

2014 年索契冬奥会结束后，国家队重点运动员张鑫双侧膝关节软骨出现重度（四度）损伤，这是膝关节软骨损伤最重的案例。牛雪松根据张鑫损伤情况制订了为期一年的康复训练计划，每周训练 6 天，节假日照常训练，春节只休息 8 天。张鑫在康复训练过程中经历了极为痛苦的过程，经常痛哭想退役。牛雪松总是耐心开导、不停地鼓励张鑫，帮她搜集并分析当时国际赛场对手技术难度和技术风格，细致讲解她的专项技术特点，深入探讨她战胜国外对手具备的优势。每天耐心的开导和鼓励使张鑫坚定了重返赛场的决心和信心，每天的"念经"，使张鑫给牛雪松起了一个绰号叫"唐僧"。经过一年持续不间断的艰苦训练，张鑫的伤病得到了有效恢复。2015年7月，张鑫完全康复重返专项训练；2016年1月，张鑫在新疆全国冬季运动会比赛上获得女子个人金牌；2018年2月，她在平昌冬奥会比赛中获得女子个人银牌。张鑫是目前国内唯一膝关节重度损伤术后重返赛场并取得优异成绩的运动员。

2015年4月，国家队重点运动员贾宗洋在一次意外中造成小腿三处粉碎性骨折，如果贾宗洋不能重返赛场，就会失去在冬奥会上冲击金牌、为国争光的机会，也就结束了宝贵的运动生涯。牛雪松在贾宗洋术后2天就为其制订了为期1个月的住院期康复训练方案，贾宗洋出院后牛雪松为他进行了长达15个月的康复训练。15个月的时间里，牛雪松每天早上6∶30从家出发去学校，18∶30从学校回家，节假日、寒暑假不休息，每周休息一天、春节休息8天。在学校为贾宗洋康复训练的同时，还要为学生教学。术后15个月贾宗洋完全康复重返专项训练，2018年2月，贾宗洋在平昌冬奥会比赛中获得了男子个人银牌，2022年2月，31岁的贾宗洋在北京冬奥会混合团体比赛中再次获得银牌。贾宗洋小腿胫骨、腓骨及踝骨三处粉碎性骨折康复后重返赛场并连续获得优异成绩，创造了国内外罕见的康复案例。

2016年1月，国家队重点运动员徐梦桃在比赛时摔倒造成前交叉韧带断裂、半月板撕裂及多次骨挫伤，2月初徐梦桃进行了前交

◎ 牛雪松与广州体育学院马克思主义学院教师座谈

叉韧带重建术和半月板 70% 的切除术。牛雪松总结前交叉韧带康复训练经验，制订了高效、科学的康复训练方案，使徐梦桃术后 7 个月完全康复重返专项训练，术后 10 个月参加 2016—2017 赛季首站世界杯赛获得冠军并连续获得 2016—2017 赛季、2017—2018 赛季、2019—2020 赛季世界杯总冠军，保障 32 岁的徐梦桃在 2022 年北京冬奥会上获得女子个人金牌、混合团体银牌。

潜心钻研，精益求精

15 年备战训练过程中，为了有效提高运动员专项运动能力，牛雪松专心投入、潜心钻研每名一线运动员的体能训练、赛前身体准备、赛季运动员竞技状态的调整与恢复。15 年里培养的运动员在冬奥会上获得 2 枚金牌、5 枚银牌、4 枚铜牌，在世界杯、世锦赛上获得 90 多枚金牌、170 多枚奖牌，为中国队在国际赛场上升国旗、奏国歌作出突出贡献，为实现体育强国的中国梦贡献了力量，他为此也获得了中华人民共和国体育运动荣誉奖章、冬奥会科研攻关与科技服务先进个人和辽宁省五一劳动奖章。2022 年 4 月，国家体育总局授予北京冬奥会"致敬耕耘奖"；2022 年 9 月，中宣部、教育部授予全国"最美教师"称号；2023 年 1 月，沈阳市精神文明建设委员会授予 2022 年感动沈阳人物、沈阳市道德模范；2023 年 6 月，入选 2023 年第一季度"中国好人榜"；2023 年 7 月，国家体育总局授予全国冰雪运动发展突出贡献个人奖。

作为一名体育教育者，牛雪松无悔地选择了挚爱的事业，他会为体育强国、健康中国的中国梦奋斗自己的一生！

教育部教师工作司供稿

沈阳体育学院教授牛雪松：
深耕教学科研　培养体育人才

◎ 丁雅诵

冬奥赛场上，当中华人民共和国国歌奏响，当五星红旗高高飘扬，有一位幕后的人，常常热泪盈眶。他就是沈阳体育学院教授、中国自由式滑雪空中技巧队体能教练牛雪松。

"为运动员成就奥运梦想搭建阶梯，为体育事业奋斗一生，是我的追求。"牛雪松说。

"因为我们都有一个共同信念，要为国争光"

2022 年 2 月 14 日，北京冬奥会自由式滑雪女子空中技巧决赛在张家口云顶滑雪公园举行，中国选手徐梦桃勇夺金牌。在 2018—2022 赛季，徐梦桃没有受到伤痛困扰，表现出最好的竞技状态。而这一成绩的取得，离不开牛雪松的努力。

2016 年，徐梦桃在比赛时摔倒，造成前交叉韧带断裂、半月板撕裂及多次骨挫伤，之后又进行了前交叉韧带重建术和半月板 70%的切除术。牛雪松总结康复训练经验，制订出一套高效、科学的康复训练方案。术后 7 个月，徐梦桃康复，重返专项训练；术后 10 个月，徐梦桃参加世界杯赛并获得冠军。

像这样的故事还有很多。索契冬奥会结束后，国家队重点运动员张鑫双侧膝关节软骨出现重度（四度）损伤，牛雪松根据情况为她制订了为期一年的康复训练计划。

在康复训练中，张鑫经历了许多痛苦。牛雪松总是耐心地开导她、鼓励她，并帮她分析当时国际赛场上对手的技术难度和技术风格。在牛雪松的坚持和努力下，张鑫坚定了重返赛场的决心，并在 2018 年平昌冬奥会上夺得个人比赛银牌。

从 2008 年开始，14 年间，每到备战周期，牛雪松便被借调到国家队，负责运动员体能训练和康复训练。

"自由式滑雪空中技巧几乎每天都有训练任务，而且冰雪项目比赛基本在冬季，所以这 10 多年的春节，我大多是在训练场、比赛场上度过的。"牛雪松说，"但我从没想过放弃，因为我们都有一个共同信念，要为国争光。结合专业所长，用科学的手段和方法，帮助运动员提升体能、对抗伤病、延长运动寿命，为国家培养更多优秀竞技体育人才，是我坚持的动力所在。"

"看到学生们成长成才，在各自岗位上发挥作用，是我最开心的事"

"课堂上的牛老师风趣幽默，训练时的牛老师认真踏实，感谢遇见牛老师，让我的教育观发生了很大的变化。作为一名体育老师，我会坚持为体育教育贡献力量。"得知牛雪松获评"最美教师"，他的学生在朋友圈里这样写道。

牛雪松是一名在国家队服务运动员备战训练的教练，也是一名从事体能训练方向教学的教师。他深耕教育教学26年，在沈阳体育学院创设了体能训练专业方向课程体系，建立了课堂实训、课外实践、社会服务三位一体的实践教学体系，组建了师生体能训练团队，将课堂教学与实践教学有机结合。

◎ 2023年1月，牛雪松获评感动沈阳十大人物

在教授专业知识的同时，牛雪松还十分注重把思想政治教育融入课程教学。"在讲专项体能设计与安排的课程时，牛老师讲解了空中技巧的项目特征，还讲述了这支队伍的光荣历史。空中技巧队的老将们，四战冬奥，流过许多泪，带着一身伤，但他们依旧执着坚守、追逐梦想。"牛雪松的学生赵雪杉回忆，"听到这些，大家都很感动，无论今后遇到什么困难，我都会迎难而上。"

如今，牛雪松培养的体能训练方向学生都获得了体能训练师资

质，很多毕业生在运动队、体能训练中心担任训练师。他培养的 26
名研究生，担任过 10 多支国家队的体能教练，他们运用专业所学，
为推进体育强国建设作出贡献。"看到学生们成长成才，在各自岗位
上发挥作用，是我最开心的事。"牛雪松说。

"我今后会把更多精力投入到
高素质体育人才培养当中"

2015 年，国家队重点运动员贾宗洋在一次意外中造成小腿三处
粉碎性骨折。为制订安全、有效、科学的康复训练方案，牛雪松查
阅大量资料，咨询骨科医学专家，借助 X 光片、肌肉状态测试以及
每天计算的训练负荷量等指标，反复思索并修正训练方案。

经过 15 个月的悉心照料，贾宗洋完全康复、重返训练。2018
年平昌冬奥会，贾宗洋夺得个人比赛银牌。2022 年北京冬奥会，贾
宗洋在混合团体比赛中摘得银牌。小腿胫骨、腓骨及踝骨三处粉碎
性骨折，康复后重返赛场并连续获得优异成绩，贾宗洋的经历创造
了国内外罕见的康复案例。

"在现代竞技体育中，要想取得优异成绩，离不开先进的科学
技术和科学的训练方法。"为此，牛雪松潜心科研、精益求精、不断
超越。

每年春季和秋季体能集训期，牛雪松要研究和探索项目规律、
技术特征，科学把握整个训练过程及赛季的负荷安排；每年夏季和
冬季技术训练期，牛雪松要仔细观察每名运动员的技术动作及特点，
设计出更符合技术用力结构的专门性力量训练方法……

　　为推动建设世界知名体育大学，培养高质量体育人才，牛雪松在学校规划并建设了现代化体能训练中心。新的理念、新的设备、新的方法极大提升了运动伤病康复和预防水平，不仅为国家队训练和比赛提供了有力保障，也为学校体能训练理论与实践的开展、为全民健康和大众健身提供了科研平台。

　　服务社会是高校的一项重要职能，作为一名高校教师，牛雪松每年都深入运动队、学校，讲授体能训练和康复训练的理论和方法。牛雪松说："我今后会把更多精力投入到高素质体育人才培养当中，进一步完善课程体系，带动更多人参与到全民健身中来。"

《人民日报》2022 年 9 月 12 日

自由式滑雪功勋教练牛雪松获评2022年"最美教师"

◎ 张逸飞　卢星吉

中宣部、教育部 2022 年 9 月 9 日向全社会公开发布 2022 年"最美教师"先进事迹，沈阳体育学院运动训练学院教授牛雪松名列其中。多年来，他在幕后为中国自由式滑雪空中技巧队在北京冬奥会创造佳绩作出了默默贡献。

中国自由式滑雪空中技巧队在北京冬奥会的混合团体、女子个人、男子个人 3 个项目上获得 2 金 1 银，牛雪松正是教练团队中的一员。

2008 年起，牛雪松被借调到国家队负责自由式滑雪空中技巧队运动员体能训练和康复训练。2016 年年初的全国冬运会上，北京冬奥会自由式滑雪女子空中技巧冠军徐梦桃在挑战向后翻腾三周失败后造成右腿前十字交叉韧带断裂，之后进行了手术。在牛雪松制订的高效、科学的康复训练方案的帮助下，徐梦桃在术后 7 个月便重返专项训练，还在 2016—2017 赛季首站世界杯赛就获得冠军。

徐梦桃此番特意为牛雪松送上祝福："牛老师荣获 2022 '最美

教师'的荣誉，我由衷地为他感到高兴，恭喜牛老师！期待我们未来能获得更多更好的成绩，为健康中国、体育强国贡献自己的力量。"

牛雪松表示，今后他会把更多的精力投入到全民健康和大众健身当中，"我们沈阳体育学院正进一步完善课程体系，这些课程的内容，不仅要针对具体竞技体育培养的运动员，也包括针对儿童、青少年、中老年等群体的运动训练和康复训练"。

新华社沈阳 2022 年 9 月 9 日电

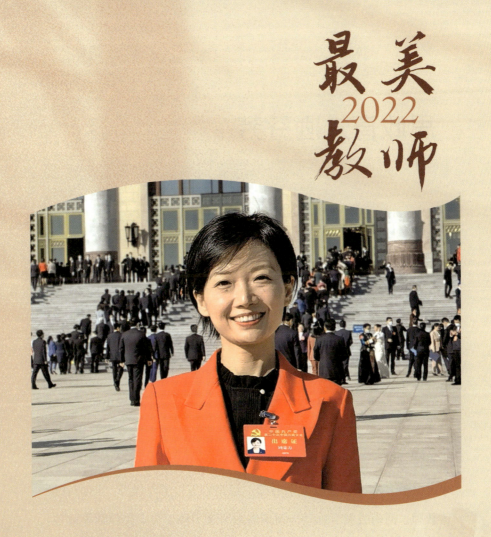

最 美 2022 教师

周荣方

思政育人洒芬芳

　　周荣方，党员，郑州大学马克思主义学院副教授。中国共产党第二十次全国代表大会代表，中国共产党河南省第十一次党代会代表，教育部全国高校师生巡讲团成员、河南省高校教指委委员、河南省学习贯彻党的二十大精神省级百姓宣讲团成员、首批河南省高校思政课名师工作室（郑州大学）负责人。她扎根高校思政课一线教学 10 余年，主讲《中国近现代史纲要》，教书育人业绩突出。获中宣部、教育部 2022 全国"最美教师"、中宣部基层理论宣讲先进个人、教育部课程思政教学名师、河南省五一劳动奖章、河南省最美教师、河南省教学标兵、河南省教科文卫体工会最美教师等称号。入选教育部优秀中青年教师择优资助计划；获教育部首届全国高校思想政治理论课教学展示活动特等奖；河南省教育教学成果特等奖（主持）；河南省总工会、河南省教育厅全省教学技能竞赛（高校思政）特等奖（第一名）；河南省教工委、河南省教育厅全省高校思想政治理论课教师教学技能大赛特等奖（第一名）等。

坚持高举旗帜，讲活党史故事，
厚植情怀感动亿万网友

周荣方始终高举习近平新时代中国特色社会主义思想伟大旗帜，弘扬伟大建党精神，增强"四个意识"、坚定"四个自信"，把握"两个确立"、做到"两个维护"，心怀"国之大者"、牢记"省之要者"，不断提高政治判断力、政治领悟力、政治执行力，在思想上政治上行动上同以习近平同志为核心的党中央保持高度一致，自觉做习近平新时代中国特色社会主义思想的坚定信仰者、积极传播者、忠实实践者、薪火传递者。

周荣方在工作中始终着眼提升党的创新理论宣传的吸引力和感染力，把道理讲深、讲透、讲活。在"不忘初心、牢记使命"主题教育、党史学习教育、党的十九大和十九届历次全会精神以及党的二十大宣讲中作专题讲座上百场。特别是在 2021 年，紧扣中国共产党成立 100 周年，深入挖掘宣传讲述百年党史、抗洪抗疫、脱贫攻坚中党员的感人故事，让宏大的党史教育充满了细节与温暖。

2021 年，周荣方讲述的党史直播课程《什么是幸福》，其中焦裕禄短视频感动亿万网友，网络点击量突破 34 亿次，被新华网、人民网、央视新闻等 10 余家国家级媒体报道，其相关话题登上全国热搜第六位。网友评价："真诚的态度，真实的力量！"

当她成为"34 亿点击量"的党课主讲人后，她却说"火的不是我，是为老百姓办实事的炽热情怀"。因为在她心里，不仅有对中国共产党伟大精神的执着研究，更有在新时代深入一线基层、耳闻目睹党员故事的情怀积淀，并将这份深厚情怀融入课堂授课以及"伟大精神"的宣讲中。正如她讲的那样："同学们，就在我们脚下这片土地上，多少个像焦裕禄一样的共产党员，就是这样脚沾泥土、心怀赤诚，让党旗高高飘扬在平常时候、关键时刻、危难关头的最前线。"这样的课程、这样的宣讲，感动着学生与网友。

2021 年，人民网、教育部社科中心联合推出"百年历程中的伟大精神"系列云讲堂，在全国 29 位讲述人中，她作为河南省唯一主讲人，主讲"百年历程中的伟大精神"——红旗渠精神和焦裕禄精神，在人民网网站首页头条、中央党史学习教育官网首页等同步推出。

"深入基层，融入授课，打造微课"是她推动党的创新理论"飞入寻常百姓家"的办法，她说"这是一个'同心圆'，要用情用心讲好这一堂大思政课，把共产党人的炽热情怀传递下去"。

党的二十大召开后，周荣方深入学习领会会议精神，进一步深化了对如何引导青年等的认识，真正把党的二十大精神落实到教学工作中，通过新时代新活故事回应新时代困惑问题，在答疑解惑中引导"广大青年要坚定不移听党话、跟党走"。2022 年年底至 2023 年，周荣方作为教育部高校师生巡讲团成员，不仅推动党的二十大精神进高校，更通过网络平台推动党的二十大精神在广大青年心中落地扎根发芽。她在教育部 2023 年寒假教师研修活动中为全国 1800 万名教师讲述培训课程《以"行走的思政课"为绚丽之花不懈奋斗》，同时先后录制宣讲课程，面对"为什么要团结奋斗""为什么要吃苦奉献还得心甘情愿""为什么梦想要远大"等青年中存在的思想困惑一一解答，其中"学习强国"学习平台的《强国思政课》首期，上线一周平台专题播放量超过 2100 万人次，点赞量超 82 万人次。她说："我深刻感受到习近平新时代中国特色社会主义思想是最具感染力的能量！"

坚持知行合一，深入社会生活，大思政课温暖平凡人心

习近平总书记强调，要把思政小课堂融入社会大课堂。周荣方在夯实专业基础的同时，也一直努力从社会大课堂汲取能量充实思政小课堂，她不仅在日常主动深入乡镇，先后走访新乡市冀屯镇、周口市时庄村、许昌市闫楼村等地，走村入户了解当地党建工作情况，将积累的大量鲜活素材融入教学，更能够在关键时刻冲锋在前，将思政课讲在一线。她听到冀屯镇村民说起现在的好日子，发自内心地欣喜；她听到"隔空拥抱"的母亲刘海燕含泪说起自己女儿时，不禁潸然泪下；她看到共产党员、周口市时庄村书记时兴荣坚定的眼神，被深深震撼；她看到鹤壁市三家村张桂芳讲述 95 后村支书的梦想，内心充满了对未来的憧憬……在多次采访抗疫一线工作人员、脱贫攻坚干部、乡村振兴带头人等先进典型的过程中，在多次探究红色文化、深入百姓生活的经历中，她真正感受到信仰的力量。

2021—2022 年，郑州市二七区经历了防涝防疫等多重考验。这两年周荣方居住的小区多次被划为"封控区"，她牢记习近平总书记把人民群众的生命安全和身体健康放在第一位的嘱托，每次都积极加入社区志愿者团队。当封控遇上停水停电，身高 160 厘米、体重 90 多斤的她，在没有电梯的老旧小区里，提着大桶大桶的水一趟趟送往五楼、六楼的老人家中；当郑州再发暴雨预警，她主动清理淤泥、疏通下水管道，运送沙袋堵住小区和地下室的入口；小区内出

现确诊病例后，按要求志愿者必须穿防护服，她八九个小时不吃不喝节省防护服，协助疫情防控；封控区居民有情绪，她带领志愿者一起跳舞录短视频给大家鼓劲……在那段岁月里，她是志愿者，更是战斗在一线的思政课教师。她白天进行志愿者服务，晚上在微博记录"志愿者日记"，将思政课讲在抗疫一线，凝聚共克时艰的强大正能量。仅在最初记录的半个月里，阅读量就达到了 200 多万次，很多网友、学生留言"看了周老师的日记，我也报名了志愿者"。她用实际行动践行习近平总书记对思政课教师提出的"'大思政课'我们要善用之，一定要跟现实结合起来"的要求。

2021 年 8 月 26 日，《河南日报》刊发题为《一位思政课老师的志愿者日记》的纪实报道，讲述了日记所带来的"爱、暖、光"。网友评价："这堂思政课有深度、有温度，一起努力，共克时艰！"

习近平总书记讲"思政课不仅应该在课堂上讲，也应该在社会生活中来讲""脚上沾有多少泥土，心中就沉淀多少真情"。她用"行走一线"为大思政课的建设贡献自己的力量。她将自己记录的"行走的思政课"系列日记化为微博话题，阅读量突破 4000 万次，更多青年师生加入行走。

知行合一，才能温暖人心，不仅是日记，她所讲的微课同样温暖全网。2020 年，周荣方录制的微课《以坚定自信书写爱国华章》和《战"疫"烽火点燃青春赞歌》弘扬战"疫"精神，入选教育部社科司在全国高校思想政治理论课教师网络集体备课平台开设的专题栏目《思政战"疫"小课堂》，学生看后都说"老师，我们看哭了，感谢他们"！

2020—2021 年，周荣方参加河南省委宣传部、河南广播电视台等单位录制的一系列抗疫、扶贫、脱贫攻坚微课，如《初心》《吾辈》《民心》《力量》等，这些微课视频被学习强国、光明网、人民网、B站等媒体播出，引起强烈反响，并成为许多思政课教师讲课的素材，周荣方也被网友称为"女神"教师。

2021年10月，河南省召开省第十一次党代会，她作为党代表，在第一时间宣传党代会精神，《让青年"心中有信仰、脚下有力量"》的视频登上同城热搜，微博相关话题总阅读量突破3000万次，网友表示要"追随光，成为光"！

2022年年底她参与录制人民日报、教育部宣讲党的二十大精神系列微课，并参与教育部全国教师寒假培训课程录制，为全国1800余万名教师讲述如何将党的二十大精神融入思政课堂。

在学生、同事、朋友眼中，周荣方是一位有温度的思政课教师，她用自己的温暖和力量，行走于"大思政课"讲台，让学生充分感受到党的创新理论蕴含的真善美！

◎ 周荣方和学生们探讨问题

坚持立德树人，实践教学改革，
讲透道理传承信仰力量

树高千尺，其根必深；江河万里，其源必长。周荣方总说她最爱的是讲台，最离不开的也是讲台。出身思政课教师家庭的她，儿时的梦想就是成为一名教师，十几年来，她为学生、为讲台、为思政课付出了全部心血。

在周荣方的课堂上，几乎没有学生看手机。学生说："手机没有周老师讲的有魅力！"这份魅力来自对教学工作的专注和钻研。

思想政治理论课要以理论力量为青年答疑解惑。周荣方善于解开学生思想上的疙瘩，面对学生"为什么要学教材里的价值观？""现在还有艰苦奋斗？"等问题，她明白作为"网络原住民"的当代大学生，他们思想上的"疙瘩"往往有网络根源，在课堂中，她按照习近平总书记提出的"做勇于斗争的'战士'"的要求，不回避问题，以情理结合解决学生困惑，夯实学生理论基础，也给予他们在网络中辩论的理论力量。学生们说："她让我们看到更有力量、更有方向的自己，这样的人生才有趣。"这份功底不是凭空而来，在主讲高校思政课的 10 余年里，她始终坚持两个专注：一是专注教学艺术提升，二是专注教学方法研究。

习近平总书记指出，"思政课的本质是讲道理"。因为她善于"解疙瘩"，所以学生特别喜欢找她辩论。这些观点的博弈都成为她在教学、比赛中的讲述亮点。近年她先后获得各级别讲课比赛最高奖，成为打造"思政金课"的典型。2019 年，周荣方作为高校思政课教师代表参与中国教育电视台思政公开课进校园全国巡讲启动仪式的思政课示范宣讲；2021 年，在全军院校思政联席会中，她作为唯一外请教师作理论宣讲，获得领导、专家一致好评。她授课情况在 2022 年 6 月《人民日报》的《全国高校守正创新打造时代思政"金课"——让更多学生爱上"真理的味道"》一文被作为成功教学创新案例进行报道。

在教学实践的基础上，周荣方创新"联动教学法"等多种教学方法，出色完成她主持的河南省高等学校教育教学改革与实践项目《高校思想政治理论课"联动教学法"理论与实践研究》，并带领青年教师团队以"联动教学资源，实现立德树人"的方式积累教学经验、创新教学成果，荣获河南省教育教学成果特等奖。

她说："联动，要成为教学中的一种条件反射，就像我们说话一样，能够随时调动最合适的教学元素，解开学生思想上的疙瘩，做好学生思想的调度员。"

2018 年起，周荣方带领多所高校思政课教师秉承公益之心组建多堂联动教学团队，她创建河南省第一个思政课教师联合运行的微信公众号"师话学语自铿锵"进行网络思想政治教育探索，她们利用课余时间奔波于各高校，和同学们座谈，推动思政课线上与线下融合，这让学生们感动也新奇。

以"师话学语自铿锵"公众号为平台，2018 年，周荣方组织郑州大学、河南农业大学等 4 所高校教师共同展开"四堂联动话梦想"等网络活动，通过教师与学生线上线下互动座谈，解决学生思想困惑，充实教师教学素材。2019 年，她组织郑州大学、河南师范大学等 8 所高校思政课教师开展"红歌联动向祖国表白"等网络活动，与学生一起接龙唱红歌，共享校园文化，让学生看到"奋斗正当时"。2020 年，她组织郑州大学、河南中医药大学等多所高校师生在网络进行"抗疫云记录"，从三月八号妇女节致敬一线女职工的原创画作，到以青年视角分析疫情的推文，共发表原创文章 50 余篇。2021 年，她带领的教学团队和师生共同策划、参与、执行郑州大学"微博大 V 网络育人联动"活动，引导学生加入微博话题"微博党史课堂"等，在观看红色电影中，师生一起在微博、课堂讲述好中国故事、传播好中国声音，推动党史学习教育深入青年、深入人心，被教育部官方网站专题报道。2022 年，她组织郑州大学、河南农业大学等思政课师生设置网络互动话题"师兄师姐请教了""师弟师妹请回答"，以问答方式联动本硕博学生，在互动走心中明确人生追求，该微信公众号平台被中国教育频道、光明日报、河南高教微信公众号等媒体报道，周荣方成为学生心中的"新潮"力量。

对理论的研究、对实践的投入、对创新的探索让周荣方积累了丰富的教学经验，2019—2021 年，受教育部委托，她连续 3 年为全国思政课骨干教师作理论宣讲，取得了良好效果，多次受到上级表彰。2021—2022 年她指导学生讲述"焦裕禄精神"，先后登上中国教育频道以及教育部官方微信平台"微言教育"，在青年学生中讲透理论、传承信仰，她和她的学生先后被"学习强国"学习平台、河南省人民政府官方网站、河南日报等媒体报道。

因教书育人业绩突出，周荣方成为《中国教育报》"纪念习近平总书记'3·18'重要讲话发表三周年"专题中的思政课教师代表，其专访《周荣方：有"魔力"的思政课教师》登上《中国教育报》头版。

教育部教师工作司供稿

"最美教师"周荣方：
让思政课"行走起来"

◎ 王林园

干练的短发、洪亮的声音，极具感染力的讲述常常让学生和听众沉浸其中……刚刚被评为 2022 年"最美教师"的郑州大学思政课教师周荣方任教 15 年来，积极探索直播讲党史、主持微博话题，坚持在基层调研汲取营养，创新思政课授课方式。

"行走的思政课"是周荣方在微博主持的话题，也是她通过新媒体对教学创新的尝试，目前阅读量将近 3000 万次。与此同时，她还通过直播讲党史让思政课走出了课堂，感染更多人。

"那一天是 1966 年 2 月 26 日，苍空含黛，大河呜咽，多灾多难的兰考人民，迎回了他们最优秀的儿子——已故的县委书记焦裕禄……"讲到这里，周荣方几度哽咽，这节在网络直播的思政课不仅让现场的学生感动，更是感动了亿万网友，全网点击量突破 34 亿次。

听周荣方讲课，总会被她的真情感染。周荣方说："除了理论研究，我还喜欢到基层一线，与抗疫一线人员、脱贫攻坚的干部、乡村振兴带头人以及踏实苦干的人民群众在一起，倾听他们的故事，并将这样的家国情怀融入课程。"

周荣方的同事、郑州大学马克思主义学院中国近现代史纲要教研室教师郑秀娟说："从她的课就可以看出，她有来自基层的鲜活故事，多年的研究和教学经验让她能够将道理和逻辑讲得清晰明了，加上她讲课投入了感情，她讲的思政课，总是那么受学生追捧。"

怎样才能讲好"大思政课"？周荣方的办法是紧跟时代、映照现实、知行合一。在新冠疫情防控时期，周荣方多次加入社区志愿者团队，并在微博记录志愿者日记，以一名亲身参与者的身份讲述身边基层党员的感人故事。

"这次加入志愿者团队，我感触很深。我发现，每一位党员都很为自己的身份骄傲，认为自己就应该多做多付出。有人甚至把自己的微信名也专门加上'党员'两个字，我很感动。中国共产党党员——这是一个值得我们骄傲一生的称号！"这是周荣方日记中的一段话。

17篇日记，不到20天，阅读量达到200多万次。她将思政课讲在了抗疫一线，讲在了广阔的社会大课堂。有网友留言："看了周老师的日记，我也报名当了志愿者。"

周荣方努力探索网络思政传播特点，和同事、学生们共同打造了"校园一分钟""抖音经典阅读"等网络品牌，凝练出"联动教学法"并获得河南省高等教育教学成果特等奖。学生们都说："没想到思政课也能这么'潮'！"

郑州大学学生代嘉辰说："周老师讲《中国近现代史纲要》，能通过创设情境，把我们带入历史的维度中，调动我们的课堂情绪。"

用心去讲，动情去讲，让周荣方的思政课很受欢迎，还有很多学生想办法去"蹭课"。

据介绍，周荣方曾获得首届全国高校思想政治理论课教学展示活动特等奖，近年还获得中宣部基层理论宣讲先进个人、教育部课程思政教学名师等称号。

周荣方说："未来，我会继续行走，发现并讲好新时代的故事，继续把善用'大思政课'作为努力方向，讲深讲透讲活道理，厚植情怀，为青年学子埋下信仰的种子。"

新华社郑州 2022 年 9 月 10 日电

她一直在和自己较劲儿

——走近 2022 年全国"最美教师"周荣方

◎ 史晓琪

"她能言善辩，天生就是思政老师的料，可还那么用功刻苦。"同行说。

"她是严师，却也是好友，学业要求一丝不苟，走下讲台爱说爱笑。"学生说。

"她是光，我想追随光，成为光。"网友说。

她就是 2022 年全国"最美教师"、郑州大学马克思主义学院副教授周荣方。

让青年"心中有信仰脚下有力量"

"鹤壁三家村有个名叫有才的大爷，他在抗洪中摔断了腿。他爱人拿着党徽来到村党支部，说'有才的腿摔断了，他的党徽来了，有啥活儿就交给我吧'！听到这个故事，我一下子想起了修红旗渠的任羊成，他说，'我可是在党旗下举过拳头发过誓的'。同学们，你们想想，有多少共产党人，在不同年代，面对'镰刀锤头'许下了共同的誓言……"

周荣方的思政课上，这样打动人心的故事有很多。

那些温暖、感动化作力量，像种子一样埋在学生心里，向下扎根，向上生长。

"就在那节课后，一名学生告诉我，听着听着，他心里突然蹦出几个字：此生无悔入华夏。"周荣方说，这名同学一下课，就写了入党申请书。

青年是未来，是希望，怎样才能把思政课讲深讲透讲活，让年轻人"心中有信仰、脚下有力量"，是周荣方经常琢磨的一个问题。

除了讲故事，以理论力量为青年答疑解惑，从根上解开学生思想上的疙瘩，也是她的特长。

面对学生"为什么要学教材里的价值观""为什么要艰苦奋斗，不苦不能奋斗吗"等问题，周荣方明白，作为"网络原住民"的当代大学生，他们思想上的"疙瘩"往往有网络根源。

课堂上，她从不回避问题，也不简单粗暴地讲大道理，而是通过问卷、谈心等方式，了解学生的所思所想、疑惑困惑，带着问题去备课，通过夯实学生的理论基础，引导他们把问题想明白。

"她让我们看到了更有力量、更有方向的自己。"

"上周老师的课，我从不看手机，因为手机没有老师讲的有魅力。"

每每听到学生这样说，周荣方就觉得那方讲台格外神圣："我面对的，不仅仅是一个个学生，还是一个个人生，更是祖国的未来。"

脚上沾有多少泥土，心中就沉淀多少真情

焦裕禄的故事我们早已耳熟能详，然而，2021年春天周荣方讲焦裕禄故事的视频，仍然那么震撼人心，网络点击量一下子突破34亿次。

"火的不是我，是共产党人为老百姓办实事的炽热情怀！"这句话，她发自肺腑，因为除了对中国共产党伟大精神的执着研究，她还耳闻目睹了太多鲜活生动的党员故事。

一夜成名绝非偶然，那是深耕多年的厚积薄发，也是向下扎根的深沉积淀。

有多少年，她一有空就往基层跑，去读书本上读不到、新闻上看不到、平常接触不到的"社会大书"，拥抱火热的生活，带着学生触摸时代脉搏。

◎ 周荣方作为教师代表在2022年毕业典礼上发言

有多少次，她奔波采访抗疫一线人员、乡村振兴带头人等各行各业干部群众，感受信仰的力量，把这份情怀融入课堂。

"每次去兰考，听到兰考农民至今提及'老焦'时忍不住声音哽咽，我都深深感受到：有了这份真情，才让我们'把泪焦桐成雨'；有了这份亲劲，才能'会它千顷澄碧'。正是这份震撼，让我选择了以'焦裕禄精神'，告诉学生'什么是幸福'。"周荣方说。

脚上沾有多少泥土，心中就沉淀多少真情。

她的思政课，之所以"沾泥土""带露珠""冒热气"，那是因为她走得远、看得多。

在从社会大课堂中汲取丰富养分的同时，周荣方知行合一，言传身教，用行动当好学生的引路人。

新冠疫情防控期间，她积极加入志愿者团队，两次获得优秀志愿者证书，并在微博记录志愿者日记。17篇日记在17天时间里，阅读量达200多万次，网友、学生纷纷留言，"看了周老师的日记，我也当了志愿者"。

每天睁开眼睛，一切都是新的开始

在"不忘初心、牢记使命"主题教育、党史学习教育、党的十九大和十九届历次全会精神宣讲中，做专题讲座100多场，深挖百年党史、火热生活中的感人故事，让宏大主题温暖贴近；

在人民网、教育部社科中心联合推出的"百年历程中的伟大精神"系列云讲堂上，她作为河南省唯一一位主讲人，主讲红旗渠精神和焦裕禄精神；

作为省委宣讲团成员走进高校，走到青年中宣讲答疑，一一解答"为什么不能躺平""我的专业和党史之间有什么关系"等年轻人的困惑；

录制的微课《以坚定自信书写爱国华章》《战"疫"烽火点燃青春赞歌》，入选教育部社科司于全国高校思想政治理论课教师网络集体备课平台开设的专题栏目《思政战"疫"小课堂》……

周荣方秀气苗条，但小小身板仿佛蕴藏着无限能量。

中宣部基层理论宣讲先进个人、教育部课程思政教学名师、河南省五一劳动奖章、河南省最美教师、河南省教学标兵、河南省高校思想政治理论课教学标兵……

周荣方律己甚严，总是步履匆匆，其实早已走在了前面。

一站上讲台，一投入工作，她总是神采飞扬、精力充沛，但其实，深夜读书备课、从没节假日概念，对她来说都是常态。

"每个清晨睁开眼睛，一切都是新的开始。"她说。

既往成绩归零，非要和自己较劲，明天一定要超越今天，周荣方就是这样一个人。

《河南日报》2022 年 9 月 10 日

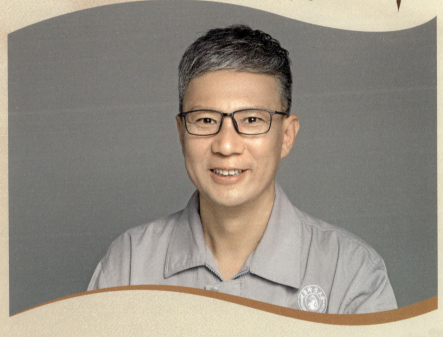

最美 2022 教师

李建国 ○────────────────────────

立德树人　教书育人

　　李建国，现任天津职业大学机械工程实训中心主任、教授。他出生在河北省邢台市平乡县的农村，10 岁之前一直在农村生活，和村里其他孩子一样过着悠闲俭朴的农村生活。10 年的农村生活影响了李建国的一生，让他懂得了只有平日的付出，才有秋天的收获。

　　小学四年级时，李建国母亲在邢台市里分了一间 9 平方米的房子，接他去市里读书。或许是因为小时候没有跟母亲一起生活过，加上母亲的严管，初中毕业时，青春叛逆但成绩尚可的李建国选择了职业教育，考取了邢台市劳动技工学校，想早日就业，自食其力。

　　在技校学习期间，李建国对职业技能愈发热爱，同时觉察到技能若想高超，需要理论知识的支撑，于是他对上学有了新的渴望。毕业时，正好赶上已经两年没有在河北省单招的天津职业技术师范学院招生，李建国幸运地成了机械专业录取的三人之一。

　　李建国在天津职业技术师范学院的学习生活丰富多彩，他所在的机制 90 级是天津职业技术师范学院第一批全面实行"双证书"的年级，李建国记得，大三整整一年都是实习，而且是生产性实习，为第五机床厂生产车床零件。实习分早、中两班，早班实习时，李建国就跟着中班技术精湛的宁老师在综合车间"吃小灶"，钻研加工技术。实践出真知，李建国从中学到了很多知识和技能，但印象最深的还是动手动脑、全面发展的办学理念，这一直影响着李建国，也是他从事产教融合实训教学的根源。

1993 年，李建国毕业被分配到天津职业大学，在校期间一直从事机械专业实践教学和实验室建设管理工作，他的工作经历贯穿了天津职业大学机械专业实践教学基地发展的整个过程。因为热爱职业教育事业、热爱实训教学工作，李建国用心做事，工作认真、勤恳、敬业，被同事称为"拼命三郎"。

踏实工作，开创学校机电专业实践教学新局面

李建国一到学校机电系便投入金工实习场的筹建工作，参与制订实践教学计划、场地规划、设备选型、安装、调试、验收全过程，使新设备快速高效投入使用。为节约费用，在建设金工实习场过程中，李建国发扬顽强、刻苦、不惧艰难的精神，凡是自己能动手干的就自己干。在机床安装、调试时，没有起重设备，就组织师生利用滚杠、人推肩扛的方式将机床安装就位；没有闸板，就利用废旧课桌板自己动手做；没有工具箱，就拉来角铁和钢板，自己做，伴随着脸部的爆皮和变得焊点斑斑的眼镜，工具箱做好了，电焊也练成了；没有脚踏板，就去木材市场拉回木板，自己动手做，同样，伴随着手上一个个燎泡变成茧子，木板也变成了脚踏板。

随着金工实习场不断建设发展，铣床、刨床、磨床、钻床等也

都陆续到位。为了使新进机床发挥作用，作为金工实习场唯一的专职人员，李建国必须掌握新的技能。机床安装调试完成后，他总是迫不及待地按照机床使用说明书熟悉机床，了解各部分功用，一步一步掌握操作要领，使新进机床快速投入使用。同时产学结合，在真实生产中提升技能以及解决实际问题的能力。

通过几年的辛苦工作，李建国熟练掌握了多种机床的操作技能，并在工作中得到很好的应用。培养学生的同时，李建国自身技能也得到提升，做到了教学相长，职业资格等级也从毕业时的中级工一步步晋升至高级技师。

产教融合，建设国家高职示范校实践教学基地

2003 年，为进一步突出高等职业教育特色，做大做强机电类专业，结合新校区建设，优化整合资源，天津职业大学将金工实习场和校办工厂合并为学校直属的机械工程实训中心（天津市汇通仪器设备公司）。李建国被任命为该中心主任兼公司法人、总经理，实训中心于 2004 年 2 月挂牌运营。

中心按企业化运营，施行独立核算、自负盈亏。成立伊始，困难重重，流动资金匮乏，起步十分艰难。李建国坚持公正、公平、公开和团结一致、群策群力的原则，在工作中总是冲在第一线，充分调动了大家的积极性。在学校的支持下，通过近一年的艰苦工作，逐步理顺了各方关系，建立了各项管理制度，圆满完成了当年的教学实习任务，生产服务基本常态化运行，中心各项工作进入正轨，并彰显出活力，得到学校领导和师生肯定。

2005 年 6 月，学校新建 5000 平方米的机械工程实训中心实训楼竣工并投入使用，中心进入快速发展期。作为学校第一个重点建设的实训中心，学校每年都给予重点投资，购进并投入使用大批数控机床等新设备。教学实习由原来以普通机床实训为主转化为以数控机床实训为主，大大提升了机电专业建设水平和学生的就业能力。

李建国积极探索产教融合实训教学的管理运行模式，进行教、学、做一体化的教学改革，始终坚持产学研相结合、以产养学、以产促学、校企一体的原则，根据学生实习的性质和内容，探索出不同形式的产教融合实训教学模式，形成一套完整的实训教学体系。

经过十几年产教融合教学模式的实践，学生的实际动手能力和分析解决问题的能力显著增强。以产教融合实训教学为主体的教学成果两次获得天津市教学成果奖。

2015 年 1 月，李建国技能大师工作室成立。工作室建设坚持以天津市先进装备制造产业发展为引导，以数控技术专业建设为基础，以高技能人才培养和技术攻关创新为目标，积极发挥示范引领作用，充分发挥政府、行业、企业和院校的积极性，形成多方参与、共同推进工作室健康发展的局面。

以技能大师为核心传绝技、解难题、带高徒是技能大师工作室的主要职责之一。李建国积极探索新方法、新技术，高质量完成学校机电、模具等专业学生的数控机床实训教学工作，培养受企业认可，具有较强发展后劲的中、高级技能人才。落实名师带徒计划，与多所职业学校的教师签订师徒结对协议，提升技术技能水平；服务其他院校师生和企业职工，为多所职业学校培养教师和学生，为多家企业培训员工。

李建国带领团队积极参加教育教学改革创新，在教学模式、课程体系、实训基地等方面进行专业建设规划工作，带动了整体专业水平的提升，重新构建了教学体系，修订教学计划、教学大纲，建设效果良好的教、学、做一体化的实训教学体系。他总结教学经验，形成教学成果，编写《数控技能培训》等教材12本，发表相关论文45篇，使产教融合教学模式辐射全国职业院校，积极发挥示范引领作用。

◎ 李建国指导学生参加全国职业院校校能大赛

李建国带领团队，以工作室为平台，发挥技能人才团队优势，积极服务企业，开展技术攻关，解决企业生产技术难题，形成创新成果，申请专利82项，年产值过千万元，产生了一定的技术成果和经济效益。

2003年，天津市举办首届高职院校数控技能竞赛。李建国带领学生刻苦训练，克服了当时条件简陋、与兄弟院校相比硬件差距较大的困难，精心制订训练计划，对学生进行系统训练。经过艰苦训练，参赛的3名学生战胜传统数控强校选手，分别取得了数控车工第一、第二、第四名的优异成绩，使天津职业大学在数控实训教学中取得了一席之地，更加坚定了学校做大做强数控专业的信心。天津市高职院校数控技能竞赛自2003年起已连续举办20年，天津职业大学学生获得的一等奖占总数的60.4%，在全市遥遥领先。这些学生有的成为职校教师，深耕教学；有的成为金牌教练，锤炼技能；更多学生成为企业技术骨干，解决了诸多生产难题。技能成就了他们的梦想，让他们的人生绽放光彩。

2004年，李建国被聘为第一届全国数控技能大赛技术专家、数控技能大赛天津赛区专家。随着工作的深入，他的工作能力和敬业精神得到进一步认可，担任了天津赛区的专家和裁判长工作。天津选拔赛结束后，李建国担任天津代表队数控车工主教练。经过近两个月的封闭训练，其所带的4名选手在全国决赛中全部进入前六名，取得职工组第一、第三、第六名，学生组第五名的优异成绩。

李建国作为数控职业国家职业技能竞赛的专家，经常被邀请参与国家职业技能竞赛工作。他连续9届担任全国职业院校技能大赛数控综合应用技术赛项专家组长，多次担任全国数控技能大赛、全国智能制造技能大赛和全国人工智能技能大赛核心专家、总裁判长，公正、敬业、合作的精神赢得了各方的称赞。

实训中心成立时，只有李建国一名教师。因学校对引进师资的要求过高，带编引进适合的师资有困难，李建国决定自己培养，从社会上招聘热爱职业教育的外校毕业生，从本校选择优秀毕业生留校。虽然教师水平起点较低，但他们年轻，有闯劲、有干劲，乐意学习、乐于奉献。在李建国的带领下，新进教师前两年以生产为主、提升技能水平，两年以后，逐步参与到教学中来，最终形成生产和教学相结合的状态。这种做法使得教师的技能水平迅速提高。

通过先期的生产锻炼和产教融合实训教学的磨练，教师解决实际生产问题的能力和技能水平显著提高。李建国鼓励教师参加各级数控竞赛，并取得良好成绩。现有中心教师中，有全国技术能手7人，天津市技术能手14人，创建了一支坚实能战的数控教学团队，奠定了天津职业大学数控实训教学在同类院校中的领先地位。

在团队共同努力下，中心经过十几年产教融合实训教学的实践，产值达到千万元，取得了一定的经济效益；固定资产由成立之初的不足5万元，滚动发展到如今的2400余万元。中心购置了先进机床，增强了生产能力，拓展了学生掌握先进技术的能力和视野；通过了TUV NORD 的 ISO9001：2008 质量管理体系认证，为进一步规范和开展生产经营活动增添了活力，为学生认识和适应现代企业管理提供了环境和实证，增强了现代管理意识；公司成为天津市高新技术企业，形成良性循环发展，做到了教学、产业双丰收，成为学校最大的校内实践教学基地和工匠精神培育展示窗口，在国家高职示范校实践教学基地建设和管理上起到了示范作用。

"职教点亮人生，技能改变命运。"如今迈进了新时代，努力让每一名学生都有人生出彩的机会，是职校教师的天职，也是李建国毕生追求的梦想。他愿更多的职校学生和他一样，都能走上技能成才、技能报国之路，弘扬劳动光荣、技能宝贵、创造伟大的时代风尚，不负时代、不负韶华，践行工匠精神，全力以赴为实现"两个一百年"奋斗目标、实现中华民族伟大复兴的中国梦贡献智慧和力量。

教育部教师工作司供稿

匠心守望初心　师道传承大道

——记 2022"最美教师"李建国

◎ 刘博超

　　从金工实习场唯一的专职人员，到带起一支包括 7 名全国技术能手和 14 名天津市技术能手的教学团队，2022"最美教师"、天津职业大学机械工程实训中心主任李建国以匠心守望初心，用师道传承大道，为职业教育与时代的发展写下为师者的华章。

　　1987 年初中毕业后，李建国进入河北省邢台市劳动技工学校学习。1990 年，他考入天津职业技术师范学院。因为取得了毕业证和职业技能证书"双证书"，李建国毕业后被天津职业大学聘去筹建金工实习场。

　　"在当时，我们这边的学生实习，要么去河北工业大学，要么去天津大学。学校早就想建金工实习场，厂房都盖好了，但没人也没钱，只好把厂房租出去给人家做糕点。"李建国回忆，他到校后，学校通过项目投入 20 万元，买了 6 台沈阳机床厂生产的普通车床。"最主要的设备有了，但是跟它配套的设施基本上都没有，咱就自已做。"

废旧课桌，木板卸下来打孔做闸板，淘汰的书架角铁，拿来做支撑……李建国上学学的是车工，筹办金工实习场的时候，他把各个工种都干了个遍，对实际操作中可能出现的情况也有了更多认识。

"做工具箱需要用电焊，戴上面罩不开焊枪，什么都看不见，拿下面罩一焊，眼镜哗哗地爆出点点玻璃碴子。"李建国说，"1000 多摄氏度的高温实际上把镜片那一点就给熔化了，熔化以后就粘上去了，当时废了两副眼镜。"

艰苦创业的历程让李建国意识到，书本所学与实际操作相去甚远，技能经验并不能完全通过文字传达，必须经由亲手操作习得。而在教学中，纯消耗实习是常态，学生加工过的零件往往就废置一边，没有了再利用价值，也增加了金工实习成本。对此，李建国下决心，要完全按照真实的生产要求组织实习。

2004 年开始，为了更好实行产教融合，天津职业大学将纯教学的金工实习场与纯生产的校办工厂合二为一，对内为实训中心，对外称汇通公司。金工实习生产出的产品直接供应工厂。"当时很多同行断言做不下来，因为同样的产教融合模式，很多学校尝试一到两年就放弃了。我想，先要从教师队伍抓起。老师只有对产品、对加工工艺非常熟练，吃得非常透，才能带着学生去实际生产。"李建国说，"不管是留校的，还是招来的，头两年不干教学，只生产，像企业的一线工人一样，天天就在机床上练技能。出了那么多技能人才，都是通过生产实际产品干出来的，真的不能糊弄，因为到最后人家企业要把你生产的零件装到产品上。"

实训中心的老师学历起点虽不高，但在李建国的带动下，凭着踏实肯干的精神，一批批大国工匠从这里走出。多人荣获国家和天津市的多项荣誉，先后7人获评全国技术能手、14人获评天津市技术能手、22人荣获天津市五一劳动奖章、25人荣获天津市新长征突击手称号。为了激励教师，校方约定，所有中心教师进厂时与企业签约，拿到全国技术能手后，转入学校的编制。2016年，汇通公司成为主要承担研究院所、军工企业新产品的研发、试制和精密零件加工等工作，集产、学、研于一体的年产值达千万元的国家级高新技术企业。

通过积极开展教育教学改革创新，李建国带领团队总结教学经验，形成教学成果，共发表论文45篇，主编实训教材12本；发挥技能人才团队优势，积极服务企业，开展技术攻关，解决企业生产技术难题，形成创新成果，申请专利82项，已获授权68项。

2021年7月1日，国家技能大师李建国和他的2010届学生、同为全国模范教师的成都市技能大师郭金鹏共同登上了庆祝中国共产党成立100周年活动的观礼台。一谈到学生，李建国就很自豪："教育部的全国先进模范代表一共是64人，里面有我们师徒二人。我对郭金鹏说，青出于蓝而胜于蓝，看到学生成为技术能手和金牌教练，为国家建功立业，这才是最令我们老师欣慰的。"

《光明日报》2022年9月11日

他是金牌技术团队的"工匠之师"，29年就干了"一件事"……

◎ 段　玮

在师生眼中，他是干一行、爱一行、钻一行的"拼命三郎"；在团队成员心里，他是打造全国技术能手金牌团队的工匠之师；在行业领域里，他是致力于提升中国制造高质量发展的技能大师……在教师节即将到来之际，天津职业大学教师李建国荣获中宣部、教育部颁授的"最美教师"称号，并登上了央视的舞台。在镜头前，他讲述了自己扎根职业教育实践教学一线29年的经历与感悟。在采访中，记者更进一步了解了这位"最美教师"是如何用自己的教育梦想之光，点亮万千学子精彩人生的。

时间倒回29年前。那时的李建国还是一名年轻小伙儿，也是天津职业技术师范学院首届获得毕业证书和技能证书"双证书"的毕业生之一。

"我从小就喜欢动手修东西、做东西。选择了职业教育，正是我的兴趣所在。"1993年，20岁的李建国入职天津职业大学，成为一名实训教师，手把手教授学生机械制造的各种专业技能。自此，他一步一个脚印，从一名青年教师逐渐成长为全国模范教师、全国优秀教师、国家技能大师。

"我们是在给企业做实际产品，决不能有一丝一毫糊弄。"在他的课堂上，学生们听到最多的，就是这句叮嘱。李建国认为，教师不应该只培养学生的专业技能，更应该注重培养学生的职业素养，培养学生执着专注、精益求精、一丝不苟、追求卓越的工匠精神。他说："学生在实习实训的时候做出的产品，90分是优秀的，但在企业实际生产中，90分是不合格的。只有做出百分之百符合图纸需求的产品，才是企业所需要的。"

李建国对学生的叮嘱，源于对自己的严格要求。曾经在一次非常规的工艺品制作过程中，客户要求在圆形铝环中嵌入一只铝蜘蛛。这个产品对整个加工流程的设计要求非常高，李建国经过了8轮试验，最长的一次用了34个小时，每次都全程参与，随时观察加工流程是否合理，最终圆满完成了制作。

李建国经常教育学生要"择一事终一生""干一行钻一行""偏毫厘不敢安""千万锤成一器"，身体力行践行工匠精神。

1993年，学校准备筹建金工实习场。为节约费用，李建国凡是能动手干的都是自己干。在机床安装调试时，没有天车，他就组织大家利用滚杠人推肩扛将机床安装就位；没有闸板、工具箱，就利用废旧课桌板、角铁钢板自己动手做。在这过程中，他的脸部出现了多处爆皮，眼镜也出现了斑斑焊点。工具箱做好了，他的电焊技术也练成了。金工实习场建设完成后，为使新机床发挥作用，他总是第一时间研究机床使用要领，产学结合真刀真枪地实践。"李建国干工作简直就是'拼命三郎'！"这一说法就是从那时在学校里流传开来的。

在李建国的影响和带动下，学生们都坚信无论从事什么劳动，都要以勤学长知识、以苦练精技术、以创新求突破；只要肯学肯干肯钻研，练就一身真本领，掌握一手好技术，就能立足岗位成长成才。

为行业育英才，是李建国的职业追求。多年来，他坚持产学结合、以产养学、以产促学、校企一体，创新产教融合、校企合作模式。他带出的学生在全国、天津市各级各类数控技能大赛中大放异彩——在天津市数控大赛中，有65人获一等奖；在全国数控类大赛中，有32人获一等奖。工作以来，李建国累计培养学生8000余人，遍及全国各地，大部分学生脱颖而出，成长为企业技术技能骨干。

王警是李建国带出的众多学生中的一名。在李老师的指导下，他曾经获得全国职业院校技能大赛高职组产品部件的数控编程、加工与装配项目比赛一等奖，如今已是中国航天科工集团二院23所数控车、加工中心编程加工工程师。他参与完成的某型号产品的科研攻关任务，填补了该所加工此类型零件的技术空白。

"李老师的悉心指导以及对工作的热情执着深深影响着我。"王警说，在老师的引领下，他从一个只是对机械制造"感兴趣"的毛头小子，一步步蜕变为数控车工的行家里手，最终实现了成为技术能手的梦想。

一花独放不是春，万紫千红春满园。李建国深知，要提升中国制造业竞争力，必须有一支优秀的师资队伍，为行业培养源源不断的人才。

◎ 李建国为 2018 级机电专业学生上数控实训课

　　2004 年，为更好地实施产教融合实训教学，学校成立了校企一体的机械工程实训中心。中心成立时，只有李建国一名老师，只能自行培养师资。他牵头探索产教融合实训教学运行模式，不断进行教、学、做一体化的教学改革，根据学生实习的性质和内容，探索出不同形式的产教融合实训教学模式，形成一套完整的实训教学体系。多年来，机械实训中心锻造了一支以国家技能大师为带头人，拥有 7 名全国技术能手和 14 名天津市技术能手的"金牌"教学团队，让一个"李建国"变成一群"李建国"，为支撑我国现代制造业培养出了更多"蓝金领"。

　　我国要从制造业大国迈向制造业强国，需要科研人员的设计与研发，也需要工匠们的生产制造。在李建国眼里，职业教育绝不是什么"二流教育"，它肩负着培养高素质劳动者和技术技能人才的使命，只要肯努力，人人皆可成才，人人尽展其能。

"职业学校的学生很多来自农村，通过学有一技之长来改变人生轨迹是他们的理想，更是我们的使命。"对李建国来说，亲眼看着一件件原材料变成精巧的产品，看着一个个稚气未脱的学生成长为技术能手，是让他感到最幸福的事。

2021年7月1日，李建国和他的学生郭金鹏一起，作为全国模范教师的代表，出席了在天安门广场举行的庆祝中国共产党成立100周年纪念大会。师生共庆建党百年华诞，他的心中感到非常激动和自豪。他说："作为一名教师，我愿意看到更多的学生成为郭金鹏，他们在校学习期间成绩优异，工作以后在各自工作岗位上做出突出成绩，成为技术能手和金牌教练，为国家经济建设建功立业！"

李建国就是这样有着深厚职教情怀的好老师，传承工匠精神，守望教育初心，践行有理想信念、有道德情操、有扎实学识、有仁爱之心的好老师标准，用实际行动做学生锤炼品格的引路人，做学生学习知识的引路人，做学生创新思维的引路人，做学生奉献祖国的引路人。

天津北方网2022年9月9日讯

最 美
2022
教师

何 燕 ○────────────────────

一盏学生职业生涯起步的明灯

"敬业奉献是为师之本，爱心责任是师德之魂。她外表柔弱，内心坚强，勤奋敬业，无私奉献，关爱学生，将班级的每个学生当成自己的孩子，用心呵护，努力成为学生未来职业生涯起步的明灯，努力让每个孩子都能有所收获。"这是何燕从事职业教育16年来的真实写照，也是她被评为全国"最美教师"、海南省优秀教师时对她的评价。

严于律己，示范为师

职教16年，身为党员教师、学校党支部书记的她，时刻严格要求自己，热爱学生，团结同事，工作勤恳、敬业，从不迟到早退，时常为了完成工作项目、研讨教学改革加班到深夜，披星戴月是她的工作常态。正是这种对工作负责、严谨、认真的态度，为学生树立了爱岗敬业的榜样，也使得她多次被评为优秀教师。

何燕在担任党支部书记期间梳理支部资料，创新支部建设，带领全体党员开展形式多样的学习活动，一年支部的学习台账可达48

项之多。她积极培养发展新党员，关心党员生活学习情况，多次被评为优秀党员、优秀党务工作者。

此外，她还将学党的理论、党的思想、思政教育融入到专业课教学中，立德树人，在潜移默化中培养具有家国情怀、正确人生观、价值观的新时代高素质职业人。她关于课程思政教育的探索得到海南省专家的一致好评，在海南省中职课程思政比赛中荣获一等奖，被授予海南省优秀教师、海南省优秀思政教师。

业务水平上，为提升专业技能水平，她克服困难，抽出时间，自费参加各种专业技能提升训练，深入企业开展调研，积极参加行业内技能竞赛并多次获得一等奖的好成绩。

不断钻研，创新改革

教书是教师的天职，教好书，培养学生优良品德、工匠精神，让学生在每一堂课上都有收获，是她不懈的追求。为成为学生、学校、家长满意的教师，何燕在承担学校教务工作等众多行政任务的同时，还利用下班时间刻苦钻研教学。

课前，她会用比上课多出3倍的时间来备课，力图设计出实用的、高质量的教案，做到向40分钟课堂要质量。课堂上，她强调以学生为主体，让学生做课堂主人，培养学生独立思考、团队合作、自我学习的能力；她鼓励学生不断钻研、刻苦训练，培养学生精益求精的工匠精神；她实行分层次教学，进行教学改革，力图让每一名学生在每一堂课都有所收获……课后，她时常因批改学生作业、解答学生疑问、帮助落后学生等忙碌到深夜。

为进一步探索适合中职教育教学模式，何燕先后于 2019 年及 2021 年组建 2 支教学团队，对《茶艺》《咖啡制作》课程进行深入研究。她放弃了节假日，放弃了看病治疗的时间，通宵达旦地钻研，只为能对课程进行重构，创新教学模式，只为培养出更多优秀的旅游人才。经过不断的努力，何燕所带领的教学团队于 2019 年获得了海南省职业院校教学能力大赛一等奖、2021 年获海南省职业院校教学能力大赛一等奖、全国职业院校技能大赛教学能力比赛一等奖的好成绩，实现了赛事改革后海南省在该赛项中的新的突破。她也被中宣部和教育部授予"最美教师"荣誉称号，被海南省教育厅授予海南省首届教学能手、海南省优秀教师。

何燕积极进行教科研探索，2020 年，她参与省级规划课题"旅游专业双师型教师培养路径——基于后新冠时期"、2021 年在实践的基础上主持省级规划课题"基于 OBE 和教育游戏的中职旅游类课程教学模式探索"并获优秀课题、2022 年开展"数字媒体助推海南中部山区绿色旅游发展路径研究"等相关课题，在积极探索乡村振兴之路上一往无前。

关爱学生，无私奉献

作为一所封闭管理的中职学校，班主任工作琐碎繁重。何燕从入职以来一直积极主动要求担任班主任工作，曾先后担任多个班级的班主任。面对正值青春叛逆期、心理较为敏感、自卑的学生，她自学心理学、班级管理办法，和每名学生交流沟通，努力做学生生活中的"母亲"，交往中的挚友。作为班主任，她关爱学生、尊重学生，鼓励学生展现自己。她将每一个学生当成自己的孩子，精心组织生日会、读书会等丰富多彩的班级活动，在让他们感受到温暖的同时，培养他们的自信，让他们能更好地走上未来的职业道路。

经过不懈的坚持与努力，她所带的班级逐渐成为一个健康向上、团结协作的班集体，在学校的各项活动中荣获众多奖项荣誉。班级里的学生获得校内外老师的一致好评，在实习中多次获得企业优秀员工的荣誉称号，得到了企业领导极高评价。

不忘初心，继续前行

都说岁月静好，只因有人负重前行。何燕的爱人是一名监狱警察，优秀公务员，从 2020 年新冠疫情开始，单位开展封闭值班。何燕爱人上班封闭时间有时长达 2 个多月，因此，家里照顾两个女儿的责任就落在她一个人的肩上。2021 年检查身体，医生说她患有甲状腺双叶结节 3 类，要她多加休息。即便如此，何燕也从未因自己私人的事情对工作有过任何松懈，她只是更加努力，将工作做到更好。何燕说，不愧对三尺讲台，不愧对"教书育人"，是她的初心，她将继续前行，无怨无悔地耕耘在职教这片充满希望的土地上。

教育部教师工作司供稿

"最美教师"何燕：
挖掘每个学生身上的闪光点

◎ 李争艳　任明超

来到海南省旅游学校咖啡制作实训教室内，访客会发现，操作间的墙上贴着"培育大国工匠　弘扬劳模精神"的标语。

这条标语也是 2022 年全国"最美教师"何燕内心的真实写照：要想做好一杯咖啡拉花，学生没有上万次的练习，是很难做到的，这就需要作为中职学校教师的她向学生传输精益求精、不断钻研的工匠精神。

高大上的标语如何在日常教学中落地生根？这是何燕在多年教学中追求的目标。

何燕的授课对象是中等职业教育学校的学生，又被称为"中职生"。相比于普通高中的学生，中职生的学习基础偏弱。家长希望他们在中职学校习得一技之长，以便走入社会能找到合适的工作，或者通过中职教育再升到大专、本科。

面对这些正处于青春期的中职生，何燕对他们因材施教。在何燕看来，中职教师更要看见每一个学生，努力挖掘每个人身上的闪光点。

有一名女生叫琦琦（化名），在海南省旅游学校就读时十分安静、内敛。作为琦琦的班主任，何燕发现，琦琦非常认真，也有想法。于是何燕让琦琦担任班里的纪律委员。

得知琦琦父母离异，何燕把琦琦当妹妹一样对待，无论日常学习，还是课后生活，何燕都像大姐姐一样给予琦琦更多的关爱。何燕说，琦琦现已在外地实习，将来毕业还准备读大专。每次回海口，琦琦都要来学校看望自己，和学生有这样的"姐妹情"，何燕很欣慰。

在何燕的同事、咖啡课程团队教师陈瑜看来，何燕是一位名副其实的学习能手、教学能手、领队能手。

2007 年，毕业于西北大学的何燕回到家乡海南，在三亚一所高职学院担任旅游管理专业的任课教师。那个时候，海南岛的旅游业刚刚崛起，成为国内最受欢迎的旅游目的地之一，何燕也看到海南旅游业在实用性人才方面的巨大需求。

已是调酒师的何燕决定自费学习咖啡、茶艺课程，并顺利拿到咖啡师证、茶艺师证、评茶员证。这让 2010 年转到海南省旅游学校的何燕有了开设调酒、咖啡、茶艺等实操课程的实力。

何燕上课和别的教师不太一样。陈瑜说，何燕性格特别温和，她可以和学生进行无障碍沟通。在授课过程中，何燕会潜移默化地让学生明白：有一技之长，受用终身，现在多学一点，将来就少求人一点。

何燕将游戏化的课程融入教学中，将思政课融入实操中，广受学生欢迎。陈瑜举例说，咖啡制作有雕花这门课程，雕花简单易学，但学好却需要勤奋练习。何燕会在雕花初期让学生体验到 10 分钟之内学会的成就感，但她也会通过演示让学生看到，要想达到雕花的

◎ 何燕带领学生参加 2021 年海南省旅游学校职业教育活动

极致，没有勤奋的练习是不可能实现的。

何燕说，通过咖啡课，中职生可以明白很多人生哲理。就像冲煮咖啡后，自己会让学生品味，开始会感觉有些苦，但除了苦，还会有巧克力的香味等味道，人生也会有百味。

海南岛原本不产咖啡，东南亚华侨将咖啡引进海南的曲折故事，是何燕对学生进行爱国主义、家国情怀教育的好素材。何燕说，很多学生听了故事后受到激励，增加了使命感，也下定决心要勤学苦练冲出一杯好咖啡。

学生的成长让何燕非常有成就感。有时候，何燕会在酒店的大堂吧、街头的咖啡馆，碰见已经就业的学生。这个时候，她内心总会涌出自豪感。

何燕的努力也得到海南省旅游学校的认可。由于课程深受学生欢迎之前只有 36 个课时的咖啡课，现在已增至 72 个课时。何燕说，自己和团队还会继续努力，在课程的改革创新上不断探索，比如在新学期开设咖啡第二课堂等，满足学生的学习要求，让学生享受更多咖啡课带来的乐趣。

　　15 年的职教教师经历，何燕一步一个脚印，自身也成长为高级咖啡师、高级调酒师、高级茶艺师、高级评茶员。近几年，何燕带领团队获得了 2019 年海南省职业院校教学能力大赛一等奖、2021 年海南省课程思政一等奖、2021 年海南省职业院校教学能力大赛一等奖、全国职业院校技能大赛教学能力比赛一等奖，被授予海南省首届教学能手荣誉称号，2022 年还获得了全国每年仅有 10 个名额的"最美教师"称号。

　　在这些荣誉的背后，何燕的同事看到的是她的努力。陈瑜回忆，为了备战全国职业院校技能大赛教学能力比赛，何燕带着团队从 2021 年 4 月到 12 月，整整 9 个月时间，经常忙碌到深夜，有时直接睡在咖啡制作实训室。

　　每次比赛对何燕与她的团队来说，都是新的开始，每次都是推倒重来，课程重构、视频拍摄点构思、现场教学环节设计、思政点融入、教案修改、教学实施报告的撰写、教学视频拍摄、现场教学展示……有时为录制好一段 10 分钟的视频，她们要花费将近 10 个小时。

　　何燕及其团队的参赛作品是《南洋风味咖啡制作》，该作品最终斩获中职专业课程组一等奖，实现了海南省旅游学校在国赛该项目中零的突破，也是截至目前，自赛事改革以来海南省在该项比赛中取得的最好成绩。

　　海南省旅游学校因新冠疫情延迟开学，何燕则早已做好开学准备。她说，新学年，会继续陪学生上早操、上晚自习，和学生一起成长，继续为培养高素质技能型人才而努力。

《中国青年报》2022 年 9 月 13 日

一片丹心育桃李
三尺讲台守初心

——记 2022 年"最美教师"、海南省旅游学校 高星级饭店营运与管理系讲师何燕

◎ 林　楠

2022 年 9 月 9 日晚，在第三十八个教师节到来之际，由中宣部、教育部和中央广播电视总台联合主办的《闪亮的名字——2022 最美教师发布仪式》在央视综合频道播出，以"迎接党的二十大，培根铸魂育新人"为主题，通过真实有力的人物短片和细腻动人的现场访谈，展现"最美教师"学为人师、行为世范的崇高精神和高尚品德。全国仅 10 名教师获评，海南省旅游学校高星级饭店营运与管理系讲师何燕名列其中。

课堂融入海南文化

海南是旅游大省，也是何燕的家乡。作为一名旅游专业的中职

教师，如何在教学中融入海南文化，让学生学有所得，学有所用？何燕在 15 年的职教生涯中，用实际行动给出了答案。

"我的学生几乎全部是来自海南，这种家门口的海南文化，让他们倍感亲切，以这方面为切入点，来让他们逐渐对专业课产生兴趣。"在何燕看来，旅游业、现代服务业和高新技术产业是海南自由贸易港发展中的三大主导产业，旅游服务人才是展现国家、传播文化的一个窗口，所以，在专业课课堂上她还会融入思政引导，将专业与思政进行巧妙结合，培养学生爱国爱家的高尚情怀。

在咖啡课上，何燕会给学生们讲述当年南洋华侨为了响应实业救国的号召，漂洋过海、历经千辛万苦才将咖啡带回祖国，并最终在海南引种试种成功的历史故事，让他们知道咖啡来之不易，从而产生一份要将咖啡做好，并将中国的咖啡文化推广出去的使命感。她认为，正是这份对民族文化的自信、对家乡的情、对祖国的爱成为学生做好旅游服务业的基础，他们终将逐渐成为"一带一路"及海南自由贸易港建设过程中的技能传承者、优秀民族文化的传播者。

平时，她每次到海南省博物馆，都会在 3 楼的黎锦博物馆里待上数小时认真做好功课，再带她的学生来博物馆看黎锦，为他们讲解黎锦中每一个图案的意义，以及其背后蕴含的黎族文化。回到学校后，还会让他们将自己的所观、所感及对黎族文化的理解运用到五指山茶叶的冲泡、茶席的设计中。"中职教育肩负着培养高素质劳动者的责任，中职老师除了分享知识，教会学生技能外，还是这些孩子开启职业生涯的重要起点。"何燕说道。

循循善诱　因材施教

"成为照亮学生职业生涯和未来人生的一盏'明灯'是我努力的方向！"对于职业的意义，何燕有她自己的见解。视教学为尊，以学生为本，何燕通过日复一日的刻苦钻研，努力探索教学改革之路，挖掘每个学生身上的闪光点，为培养出高水平、有温度、有情怀的新时代人才持续努力。

"职业学校的课程偏技能化，要和不断变化的市场情况紧密联系，教学素材也要不断更新。"何燕说，以这两年的咖啡课为例，"我会深入澄迈、万宁等海南咖啡原产地，对企业进行调研，收集一手资料，并将其归类整理，融入我的教学中。"

针对不同的班级、不同的学生，何燕也会设计不同的教案。"有的班级学生活泼，有的沉稳内敛。我会结合学生的具体情况，选择最合适他们的上课节奏、表达方法和课堂提问方式，确保学生在课堂上能有收获。"

何燕深知，要想学生学得好，必须激发他们的兴趣。因此，还没开始教泡茶或咖啡冲泡技术之前，她会先给学生讲很多关于茶叶、咖啡传承发展的故事。"上咖啡课时，何老师通过影片和许多文章给我们介绍海南咖啡的历史。海南华侨将种子带回来，历经了一代代人的艰难困苦，才将咖啡树栽培成功，才有了现在的大规模种植和具有独特风味的海南咖啡。我对这些先辈们产生了深深的敬意。"学生董琦琦说。

在何燕的引导下，越来越多学生因为茶叶、咖啡背后悠久的历史和文化渊源爱上了这些课程。他们在课余时间主动走进实训室，不断钻研、创新茶叶和咖啡的冲泡技巧。

不断创新教学方法

熟悉何燕的同事都知道，她比一般老师多花了几倍时间在备课上。让学生在每一堂课上都有收获，是何燕不懈的追求。

为了成为学生、学校、家长满意的教师，她在承担学校教务工作等众多行政任务的同时，还利用下班时间，刻苦钻研业务，研究学生学习特点、喜好、教材教法，研究新课程标准，注重多方位培养学生的能力、学习习惯、职业素养等。

为了有良好的教学效果，课前，她会用比上课多出 3 倍以上的时间来备课，探究教学方法、创新教学模式、深入研究分析班级学生特点、精心设计教学环节，力图设计出实用的、高质量的教案。

课堂上，她强调以学生为主体，让学生做课堂主人，培养学生独立思考、团队合作、自我学习能力；做学生学习的合作伙伴，鼓励学生不断钻研、刻苦训练，培养学生精益求精的工匠精神；将信息化手段运用到教学中，突破教学重难点；将学生喜欢的游戏化思维融入课堂，创新教学模式……这种分层次教学的方式，让她的课堂深受学生的喜爱。课后，为了延伸教学时间、拓展教学空间，帮助学生巩固技能，她时常在实训室里利用休息时间来指导学生、解答学生疑问，离开时往往已是深夜。

为了进一步探索适合中职职业教育教学模式，她先后于 2019 年及 2021 年组建 2 支教学团队，对《茶艺》《咖啡制作》课程进行深入研究。身为队长，她肩负重任，为了将团队带好，她放弃了五一、暑假、国庆等假期，一心扑在工作上，通宵达旦地研究、实践，只为了能对课程进行重构，创新教学模式，探索出一条培育高素质绿色技能人才的创新之路，培养出更多优秀的旅游人才而努力。

经过坚持与努力，她所带领的教学团队于 2019 年获得了海南省职业院校技能大赛教学能力比赛一等奖、2021 年荣获海南省职业院校教学能力大赛一等奖、全国职业院校技能大赛教学能力比赛一等奖等好成绩，实现了赛事改革后海南省在全国教学能力比赛中的新的突破。于 2022 年被海南省教育厅授予海南省首届教学能手称号。

用心关爱每位学生

在 15 年的职业教育生涯中，何燕担任了 10 年的班主任。作为一所封闭管理的中职学校，班主任工作琐碎而繁重，坚守教学初心之余，何燕践行育人使命。

在面对着正值青春叛逆期，心理较为敏感、自卑，缺少家庭温暖的学生，何燕自学心理学，学习班级管理办法，利用大量时间去和每个学生交流沟通，坚持去学生宿舍和学生深入交流，从学习到生活到心理无微不至地关心学生，努力做学生生活中的"母亲"，交往中的挚友。"每个孩子都是天使，只是有时翅膀蒙上了灰尘。"作为班主任的她，关爱学生、尊重学生、相信学生，她坚信每一个学生都有自己的优点和闪光点。

她将每一个学生当成自己的孩子，精心组织生日会、读书会等丰富多彩的班级活动，鼓励他们参加朗诵比赛、体育竞技、校内社

◎ 何燕在咖啡实训室指导学生开展咖啡技能训练

团等活动，让他们感受到温暖，培养他们的自信心，让他们能更加自信地走上未来的职业道路和人生道路。

经过细微的关怀，她所带的班级逐渐成了一个健康向上、团结协作的集体。有一次，何燕的同事随堂听课，还没到上课时间，学生们都已经分组坐好了，而且精神状态都特别好，这种情景让同事误以为迟到了。结果课后才知道，正是因为何燕一直都强调服饰道具、课堂氛围等课前准备，充分调动了学生的主观能动性，真正践行了用心用爱做教育。

北青网 2022 年 9 月 10 日

最 美
2022
教师

蒙 芳

芳华，在山区特教最美绽放！

　　上犹县，位于江西省赣南西部，是 2019 年顺利脱贫摘帽的深度贫困县。蒙芳就来自这个小县城。特校建校 9 年来，她带领团队，跑了 100 多家企事业单位筹得捐赠物资累积 200 多万元；开办县第一所智力残疾幼儿康复部，先后免费为 159 名智力残疾儿童提供早期康复训练。9 年里达 1 万多人次的送教上门活动，推出"三定三查"本土化的送教模式；2021 年 9 月，与上犹中等专业学校开展联合办学，探究"职特融合"办学模式，开办了志坚中专班，在赣南大地上率先实现了国家提出的特殊教育向学前和中职非义务教育阶段两端延伸的要求。本着一个都不能少的原则，蒙芳带领团队实现了上犹 300 多名适龄残疾儿童少年能上学、上好学的目标，助力上犹县脱贫攻坚和乡村振兴。

　　学校一步步步入正轨的同时，蒙芳也在事业中成长。近年来，她先后获得全国脱贫攻坚先进个人、2022 年全国"最美教师"、2022 年全国助残新闻人物、全国巾帼建功标兵、中国好人、全国五一巾帼标兵、感动江西教育年度人物提名奖、新时代赣鄱先锋、江西省师德先进个人、江西省特殊教育先进个人、江西省教育系统优秀共产党员等荣誉称号。

从零开始她不负众望

对于特殊教育，普教出身的蒙芳开始也是"门外汉"，她常说："对特殊教育的认识几乎为零，一切都要从头学起。"

蒙芳积极外出培训学习，自费到各个地方学习，从书本上、网络上学习，全身心投入到实践教育中。结合所学理论知识和外出学习考察获得的经验，蒙芳制定出学校五年发展规划和办学章程，确定了"让每一个生命绽放光彩"的办学宗旨，明确"有教无类、有爱无障"的教育理念。

作为校长，不仅自身业务要过硬，更要带好团队。在教学上，蒙芳从不落下一堂公开课、一次教研活动，对年轻教师更是耐心给予指导，用自己的行动去感染他们、引导他们。

青年教师朱琳刚到学校，蒙芳就手把手地教她如何上好公开课，从内容设计到语言雕琢，一招一式、一言一行地教，朱琳很快成长起来，现已成为学校教学骨干。

凭着一股不服输的韧劲，蒙芳带领教师不断尝试，开启学校的校本课程、个训课、补偿课等。2017年11月，经过刻苦努力，蒙芳成功考取了国家二级心理咨询师资格证。就这样，她凭着一股韧劲，硬是从开办时的"门外汉"迅速华丽变身为特殊教育专业能手。

争取资金她鞍前马后

学校开办初期，面临三大难题：没生源、缺资金、少教师。怎么办？作为一名党员，任何时候，蒙芳不找借口，不讲条件，不畏困难，勇往直前。缺乏资金搞校园绿化，她带领大家一镐一锄，将黄土变成绿地；校园文化建设，她动员教师一刀一剪、一笔一画完成，让学校每一个角落都充满文化气息。为争取社会支持，不爱在外面抛头露面的她，开始走进一个个企业、一家家单位、一户户商铺，宣传特教学校、介绍特教学生、传播特教梦想。2014 年 5 月，蒙芳与团队用半个多月时间跑了 100 多家企事业单位，她与同行教师一起晒成"黑脸校长""黑妹老师"。随着学校"爱心汇聚、扶残助学"助残日文艺晚会成功举办，募集到的 8 万多元善款被全部投入到学校设施建设中。

开办以来，蒙芳始终坚持举行助残日公益演出和学生作品义卖活动，营造浓厚的助残氛围，成立"犹江有爱无障"爱心家园，争取捐资捐物达 200 多万元，为学校添置了学生床上用品，建起了学校文化长廊、电子显示屏、糕点工作坊、职业培训室、录播教室等设施设备，满足了特殊学生教育教学、特长发展、康复训练、职业培训的需要。

幼儿康复　她弥补空白

学校开办之初，蒙芳发现很多入学的残疾儿童因为经济困难、家长认知不够等原因，错过了最佳康复期。尽管当时学校师资缺乏，但作为一名党员，她勇担责任，为这样的家庭撑起一片天。

2014 年 9 月，在各部门的关心和支持下，蒙芳开办了全县第一个智力残疾幼儿康复部，免费累计为全县 159 名 2—8 岁智力残疾儿童提供早期康复治疗教育，减轻贫困家庭负担，为精准扶贫助力。上犹黄埠一贫困户，姐姐子雯 8 岁是自闭症，弟弟子隽 7 岁是脑瘫，在广东医院和机构进行康复治疗，姐弟俩花去近 80 万元。爷爷、奶奶租房陪同，经济压力非常大。2018 年，姐弟俩来到县特校接受免费幼儿康复训练，一年后，脑瘫弟弟可以独自坐立了，自闭症姐姐能进教室配合学习了。父母欣喜万分，由衷地感谢特校带来的帮助和改变，他们终于也能放心去打工了。

职特融合　她助力圆梦

作为一名党员，在扶贫攻坚的路上，蒙芳努力将培养好一名特生、减轻一个家庭负担、帮助一个家庭重燃希望为己任。经过 3 年时间跟踪调查，蒙芳了解到，学校毕业的 43 名学生中，仅 23% 的学生就业，9% 的学生成家，就业率偏低，残疾学生生活质量不高。

为了更好地解决学生就业问题，蒙芳与团队进行充分调研与沟通，在 2021 年秋季与上犹中专进行联合办学，开办了志坚中专班，因地制宜，开设了烘焙、酒店管理、园艺、汽车美容等专业课。通过特校就读和中专就读的多元化模式，为初中毕业生进一步接受中职教育开辟了渠道，在赣南大地上率先实现了国家提出的特殊教育向学前和中职非义务教育阶段两端延伸的要求。

聋哑生海燕，小时候是一名非常可爱的小姑娘，因感冒高烧不退，导致双耳失聪。爸爸把她送去了附近的学校随班就读，成绩的落后、沟通的困难，让她没有朋友、没有自信。她跟爸爸说："我不想上学了！"来到县特校后，她变得活泼开朗，积极参加各类活动，还学了不少技能。2016年毕业后，她在县"勿忘我"花店工作，如今已是两个孩子的母亲。曾经的她内向忧郁，如今的她阳光自信；曾经的她孤僻厌学，现在的她美丽上进；曾经的她不敢想象自己的未来是怎样的，现在的她用自己的努力创造幸福的生活、多彩的未来。

送教上门　她送去希望

学校开办后，蒙芳发现还有一些重度和极重度残疾儿童，因身体条件、家庭因素等，只能在家而去不了学校。身为一名党员，她看在眼里、记在心上。让适龄残疾儿童都享有平等接受教育的权利暗暗成了她努力的新目标。

小玮重度脑瘫，四肢严重萎缩，终日卧床，无法到校学习。但他乐观坚强，能跟随音乐的节拍"动"起来。蒙芳没有忘记像小玮这样的53名重度残疾孩子。本着一个都不能少的原则，2014年9月，蒙芳启动"爱与责任的延续"工程，在校内成立了8个送教小组，与学校老师奔赴全县14个乡镇。走山路、过溪涧，对全县重度残疾儿童少年进行了摸底调查，走访特殊儿童家庭，宣传特殊教育理念，了解残障儿童家庭实际困难，9年来累计进行了1万多人次送教上门活动，为这些特殊孩子及家庭带去了希望。

作为一名党员，蒙芳就是这样把初心使命铭记于心，责任担当实践于行，从最初的业界观望者到如今成为特殊儿童的引路人。9年来，她与团队一步一个脚印，用爱与责任践行党员教师使命，培育那些迟开的花朵，为他们带来一片明媚的阳光，用岁月书写着人生最美的芳华！

教育部教师工作司供稿

"最美教师"蒙芳：
一位教育"老兵"的
9年特殊教育路

◎ 陈卓琼

2013年9月1日，是江西省上犹县特殊教育学校正式开办的日子。这一天，有着16年教龄的蒙芳遇见了太多未知和挑战：迎面而来的学生有坐轮椅的、有朝她吐口水的、有不会说话的、有多动的……52张面孔，几乎一人一个样儿，"天哪，该怎么教啊？"

1978年出生的蒙芳做过语文教师、教导主任、村小校长，创办这所特教学校前，她已是县城知名小学上犹二小最年轻的副校长。丰富的一线教学经历，这次却没能带给她底气。

拓　荒

2012年，县里开始筹办特殊教育学校，县教育局领导找来蒙芳谈话，希望她能出任校长。蒙芳毫不犹豫地答应了。蒙芳读的是普通师范专业，在特殊教育领域是个彻头彻尾的"门外汉"。

"不同的岗位我都经历过了，当时就是想挑战不可能。"建校筹备时，身边的朋友都不看好她的发展前景，那时特教学校还没被社会认可，不少人觉得去特教学校工作就像去福利院照看残疾孩子一样，不会有教学压力，只有蒙芳知道这其中的艰难。

当时学校的附属工程仍在建设中，蒙芳第一次跟包工头打交道，学着盯工程进度；为了尽快拿到学校开办所需的资产评估报告，她一个上午来来回回跑了5趟事务所；采购学校硬件，蒙芳做预算，货比三家，砍价也是那时候学会的。

更大的挫败感来源于教师招录工作，"第一年，招2个老师只来了1个；第二年，招3个来了2个。"蒙芳找到教育局人事股翻看了全县教师的花名册，给特殊教育专业毕业的教师逐一打电话动员。县教育局也给予大力支持，出台激励举措，乡镇教师来特教学校任教，

◎ 蒙芳对学生进行个别化训练

只需递交申请，不用参加考试。即便这样，5名老师也只来了2名。

加上2名代课老师，校长、教师8人开校办学。蒙芳向县残联要了适龄儿童名单，还去了普通学校摸底，并逐一电话告知家长特教学校开办了，希望他们能送孩子来学校上学。

有家长接到电话后生气地质问："你是怎么知道我的信息的？我的孩子为什么要送到你这儿来？"蒙芳理解这些家长，"他们是不愿意让别人知道自己有一个特殊的孩子，也还不了解我们特教学校。"蒙芳意识到，要改变大众观念，自己要做的事还有很多。

根据学校师资力量和办学规模，80多个预报名的孩子，最后只招了52个，分别进入低、中、高3个年级就读。

学校开办之初，硬件设施薄弱，校园文化更像一张白纸。蒙芳领着教师一连几天一锄一镐地去校门口的小山坡上挖土，再运回学校填进花圃里，种上茶苗。

一台晚会

更为棘手的是资金难题。蒙芳想到通过办一场晚会争取社会各界的支持。

机关事业单位、企业、个体工商户……不管认不认识，蒙芳一家家上门邀请，"我们前后跑了一个多月时间，对于机关单位，我是一定要见到主要领导。"

2014年5月18日，是学校开办后迎来的首个全国助残日。这天夜晚，上犹县茗馨广场舞台周围挤满了人，100多位机关企事业单位有关负责人、工作人员坐在台下一个个伸长了脖子望向舞台。

手指操、舞蹈、情景剧……8 名老师、52 名学生用了一学期时间精心准备了 7 个节目,包括蒙芳在内,老师和孩子都是第一次登台表演。从舞台效果上看,这场演出算不上完美,手指操表演中,孩子们常常找不到自己的站位,蒙芳干脆就让他们搬个桌子、凳子,坐在那儿表演;即便是排练了很多次,孩子们的舞蹈动作也做不到整齐划一。

晚会的反响却异常热烈,总计 8 万余元的爱心捐款全部投入学校的设施建设。此后,每年助残日,学校都坚持举办公益演出,邀请爱心企业、个人等来现场观看。通过这场晚会,蒙芳想告诉当地的所有人:"这群特殊的孩子除了可以上台表演,还能做很多事,他们也是有用之才。"

9 年来,学校通过各种方式,争取到了 200 余万元的捐资捐物,建起了风雨连廊、录播教室、食育工作坊、酒店情景室等,更好地满足了特校学生教育教学、特长发展、康复训练及职业培训的需要。

怎么办特教学校

为了尽快找到一条专业化、特色化的办学路子,蒙芳把学校所有老师都派出去培训学习,还特意叮嘱她们,多看、多听、多问,多交朋友,希望她们替自己弄明白"办什么样的学校""怎么教这些孩子"。

老师们学了一轮回来后对着她一番感叹,哪所学校硬件设施多么高大上、职业教育发展多么好、教师上课多么专业等,却唯独不知道自己到底该怎么做。

"或许是老师太过年轻，还不能站在学校层面思考问题。"蒙芳决定自己去学。两年里，她到过河南洛阳、四川乐山、福建厦门、江苏南京等地，哪里有相关的讲座、培训，她就往哪里跑。

一次讲座上，蒙芳向专家道出了自己的困惑和焦虑，这位专家听后对她说："你所面临的问题，我们很多学校都曾经面临过。你现在能做的就是基于你现有的条件，做你可以做的事。"

回校后，蒙芳尝试与焦虑和解，她不再频繁外出，而是悄悄关注了几所特殊教育学校的公众号和官网，看看人家都在干什么，还去了不少 QQ 群潜水，并思考拟定了学校的五年发展规划。

特殊教育尤其考验教师的专业能力，无论是学前教育、义务教育，还是中职教育，都对教师提出了很高的要求，不仅要会上课、懂康复、有特长，还得掌握一定的职业技能。"这就要求我们的老师必须走专业化发展的路子，学校 140 多个孩子，每个孩子都是一个个案，得去研究他。"蒙芳鼓励老师用攻克课题的态度对待教学工作。

这位教育"老兵"还制定了梯度培养目标，根据不同孩子情况，把他们培养成好学生、好家人、好帮手、好公民，并在此基础上提出了生活技能、劳动技能、职业技能"三能"培养目标。

孩子们的生活技能课不只局限于教室，用蒙芳的话说，他们一进校门打招呼，就是课堂了。喝水、刷牙、洗衣服、叠被子、升旗、站队、做操等生活小技能，生活老师看到了会教，特教老师看到了会教，高年级孩子看到了会教，教官看到了会教，保安人员看到了也会教。不大的校园里，"处处是课堂，时时可教学，人人是老师。"

孩子们还能在学校体验劳动的感觉。楼道、楼梯、厨房、宿舍都设有劳动体验岗，孩子们通过劳动获得一定数量的代币奖励，一个月后就能兑换奖品。

学校每学期都会举办技能大赛，孩子们无论年纪大小，一个不落全部参赛。低年级的孩子剥个鸡蛋、系个鞋带，中年级的孩子则挑战难度系数更高的叠被子、晾衣服，高年级孩子比拼的项目更有技术含量，如炒菜、园艺等。大赛成绩既用于考核老师，也会被记入孩子们的综合测评。

向学前和职教两端发力

"让每一个生命绽放光彩"早早地写进了这所特教学校的办学理念和办学宗旨。蒙芳希望，走出校园后，这群特殊的孩子能更好地被社会接纳，过上有品质的幸福生活。

2019年，学校教务处跟踪调查了43名毕业生，结果发现，只有23%的孩子就业，9%的孩子成家，大部分孩子在学校接受了9年义务教育后，又宅在了家里。毕业班学生家长会上，几乎所有家长都渴望孩子毕业后能有一个好的出路。

"一些孩子其实能力不错，因为没能继续学习、就业渠道窄、年龄小等原因，毕业后没能得到好的安置。"蒙芳想着，能不能多送孩子们一程，让他们初中毕业后留校再学3年。

萌生了开办"中专班"的想法，蒙芳当即协同县工商联一道调研、走访了全县所有的工业园和工厂，发掘岗位资源。从办学资质来看，特教学校提供的是义务教育阶段的服务，没有继续办中职的职能，加上当时各方面条件都不成熟，这一想法无奈搁置。

2021 年，县主要领导高位推动，专门就此事开了调度会。蒙芳很快与上犹中等专业学校就联合办学一事达成一致。这年 9 月，借助上犹中专的资质和师资，志坚中专班顺利开办，首批 13 名孩子入班就读，系统地学习了烘焙、酒店管理、园艺、汽车美容等专业知识。

一些重度和极重度残疾儿童因身体原因没能入校就读，2014 年 9 月，蒙芳启动"爱与责任的延续"工程，在校内成立了 8 个送教小组，与学校老师一起走山路、过溪涧，奔赴全县 14 个乡镇给这些孩子送教。

"刚开始送教，老师们可委屈了，吃过不少闭门羹，一些路段车子过不去，就找根木棍把牛奶、水果、文具一类的东西徒手挑过去。"蒙芳记得，为了撬开家长心门，老师们想过不少办法。

9 年，这支队伍编制了送教上门校本教材，开发了配套课件和教案，形成了"三定三查"（定人员、定时间、定内容，查经费、查档案、查成效）本土化送教模式，累计送教 1 万余人次。

这一年，蒙芳还开办了全县第一个智力残疾幼儿康复部，先后免费为 159 名 2—8 岁智力残疾儿童提供早期康复训练。

"我们用了 9 年时间替孩子们打通了学前到中职的路，在赣南大地上率先实现了特殊教育向非义务教育阶段的两端延伸。"几天前，蒙芳入选 2022 年全国"最美教师"。她坦言，在特殊教育战线自己要做的还有很多：替孩子们寻找、挖掘更多合适的就业岗位；邀请用人单位来学校办招聘会；帮培智孩子实现集中就业；打造一支研究型的"四特"教师团队；加紧制订学校下一个五年发展提升计划。

《中国青年报》2022 年 9 月 12 日

用爱呵护"折翼天使"

——记 2022 年全国"最美教师"获得者、 上犹县特教老师蒙芳

◎ 余书福　彭　婧　蔡文杰　陈小兵

在第三十八个教师节到来之际，中央宣传部、教育部公布了 2022 年"最美教师"先进事迹。全国仅有 10 位教师入选，其中赣州市上犹县特殊教育学校校长蒙芳榜上有名。据悉，全国"最美教师"系列从 2011 年开始，迄今共评选出 12 届最美教师，蒙芳是江西省第四位、赣州市第一位获此殊荣的教师。

她是"折翼天使"的引路人

蒙芳在上犹县可以说是家喻户晓。在乡亲们的眼里，她用 9 年时间办成了一件大事：领创了全县的特殊教育事业，不仅把特殊教育学校办得有声有色，还让全县的特殊孩子实现了连续享受 15 年特殊教育的梦想。

特校建校 9 年来,她带领团队,跑了 100 多家企事业单位,筹得捐赠物资共计 200 多万元;开办县第一所幼儿康复部,先后免费为 147 名智力残疾儿童提供早期康复训练。9 年里给上万人次送教上门,推出"三定三查"本土化的送教模式;2021 年 9 月,她与上犹中等专业学校开展联合办学,探究"职特融合"办学模式,开办了志坚中专班,在赣南大地上率先实现了国家提出的特殊教育向学前和中职非义务教育阶段两端延伸的要求。本着"一个都不能少"的原则,她带领团队实现了上犹 300 多名适龄残疾儿童少年能上学、上好学的目标。

学校步入正轨的同时,蒙芳也在建校中成长。2021 年 9 月 11 日,央视 17 套栏目《三农群英汇》对其所在学校工作进行了 25 分钟专题报道。因工作出色,她曾获得感动江西教育年度人物提名奖、江西省师德先进个人、江西省特殊教育先进个人、江西省教育系统

◎ 蒙芳给九年级学生上生活适应课

优秀共产党员等荣誉称号。正因为她对特殊教育、教育扶贫的辛勤付出，2021年2月25日，蒙芳在北京人民大会堂参加了全国脱贫攻坚总结表彰大会，获得全国脱贫攻坚先进个人荣誉。2021年3月1日，全国妇联授予她全国巾帼建功标兵荣誉称号。2021年4月，被中央文明办评选为"中国好人"。

她从"门外汉"到专业能手

特殊教育学校的孩子之所以特殊，除了有身体原因，也有来自心理的问题。对于特殊教育，普教出身的蒙芳开始也是"门外汉"，她常说："我是学汉语言文学专业的，对特殊教育的认识几乎为零，一切都要从头学起。"

为了更好地帮助特殊儿童，蒙芳积极外出培训学习，还自费到各地学习先进教学经验。她先后前往安远、南康、赣县等地的特殊教育学校参观学习，还积极从书本上、网络上订阅并学习相关特教知识和技能。结合所学理论知识和外出学习考察的经验，她制定出学校五年发展规划和办学章程，确定"让每一个生命绽放光彩"的办学宗旨，明确"有教无类、有爱无障"的教育理念。

特殊教育之路道阻且长，蒙芳一直在探索、在努力。作为校长，不但要自身业务硬，更要带好团队。青年教师小慧刚到学校，蒙芳就手把手地教她如何上好公开课，两人经常一起加班加点。从内容设计到语言雕琢，一起研究制作课件，再到反复听试教课，一招一式、一言一行地教，小慧老师很快成长起来，现已成为学校的教学骨干。蒙芳带领老师们不断尝试，开设学校的校本课程、个训课、补偿课等，从开办时的"门外汉"华丽转变为特殊教育的专业能手。

她在特教之路上奋勇前行

学校开办之初，万事皆难。缺乏资金搞校园绿化，她带领大家一镐一锄，将黄土变成绿地；校园文化建设，她动员教师一刀一剪、一笔一画共同完成。

为争取社会支持，她走进企业、单位和商铺。2014 年 5 月，她与团队仅用半个多月时间跑了 100 多家企事业单位。此外，她通过开办"爱心汇聚、扶残助学"助残日文艺晚会、举办助残日公益演出和学生作品义卖活动、成立"犹江有爱无障"爱心家园等方式，筹集善款物资，为学生添置了宿舍床上用品，建起了学校文化长廊、电子显示屏、食育工作坊、酒店情景室、星语星空室、录播教室等设施设备，满足教学需求。

学校开办之初，蒙芳发现很多入学的残疾儿童因为经济困难、家长认知不够等原因，错过了最佳的康复期。2014 年 9 月，她开办了全县第一个智力残疾幼儿康复部，至今已免费为全县 159 名 2—8 岁智力残疾儿童提供早期康复训练，减轻贫困家庭负担。

学校开办后，蒙芳发现还有一些重度和极重度残疾儿童，因身体条件、家庭因素等，只能在家而去不了学校。2014 年 9 月开始，蒙芳启动了"爱与责任的延续"工程，在校内成立了 8 个送教小组，与学校老师奔赴全县 14 个乡镇，对全县重度残疾儿童少年进行了摸底调查，走访特殊儿童家庭，宣传特殊教育理念，了解残障儿童家庭实际困难，为这些特殊孩子及家庭带去了希望。

如今，学校从建设初期到发展为国家"十三五"课题全国重点特色实验学校。蒙芳作为一名党员，她把初心使命铭记于心，责任担当实践于行，奋不顾身投入，心甘情愿付出，从最初的业界观望者到如今成为特殊儿童的引路人。9年来，她与团队一步一个脚印，用爱与责任践行党员教师使命，培育那些迟开的花朵，为他们带来一片明媚的阳光，用岁月书写着人生最美的芳华。

《赣南日报》2022 年 9 月 10 日

最 美
2022
教 师

陈 炜

用生命点亮教育

——追记"大先生"陈炜

◎ 陈弘毅　邓倩倩

在生命的尽头，陷入半昏迷状态的他，在病床上用最后的力气写下了一份通知。这份人生最后的通知中，他最放心不下的，依然是学校、学生：去医院检查……学生暂缓到校……

2021年12月5日，福州三中校长、党委副书记陈炜因病辞世，年仅53岁。

17日，中共福建省委教育工委、省教育厅印发通知，号召全省教育系统向陈炜同志学习。

30多年的从教生涯，他留下的硕果累累：不仅有对教育的思考，更有以教师学生为本的教育情怀，还有宽厚的格局和胸襟。

"炜哥"的教育"管理经"

陈炜1990年大学毕业后，被分配到福州三中工作。他逐渐从一名教师成长为一名管理者。在福州教育系统内,陈炜以"勇挑担子"而出了名:在福州八中担任校长期间,开辟三江口新校区;在福州三中推动率先成立教育集团。

"10年前,福州三江口新城还是大片的荒地。上级想在这里落地一所优质高中,带动片区发展。当时的局领导找到陈炜征求意见的时候,他一口就答应了。"福州市教育局领导说。

在不少人不解的眼光中,陈炜带着班子成员排除万难,福州八中高中部整体搬迁到三江口校区。回忆创业初期的艰辛,陈炜笑称新校区是"牛经学校",不见人,只见村民放养的牛。

"陈炜校长亲自带着团队到广州、上海等地考察,学习寄宿制高中管理经验;调动全员力量,用最短的时间完善新校区软硬件配备;他多方奔走,为老师们争取补贴和福利待遇;对于区域教育布局中所要承担的牵头作用,他总是责无旁贷。如今,八中的新校区无论是软硬件还是教学成果,已在全省颇有名气。"福州八中校长说。

在总结、传承学校优良传统的基础上,陈炜也走出了一条"敢为人先"的治校之路。

"一次,他去青岛参加全国教学装备展览,当接触到电子白板信息化教学设备时,他笃定这一定会给教学带来帮助,随即在福州市学校中率先推广使用。2013年,他亲自到高校招聘优秀毕业生,在全市率先引进博士担任教师。"福州三中党委书记说。

学校里,陈炜总是被亲切地称作"炜哥"。"有困难,找炜哥"是和他共事过的教师共同的心声。遇到难以解决的事情或是心结,陈炜总能用睿智的言谈和宽阔的胸襟让教师们被"治愈"。

陈炜总是善于看到每位教师身上的亮点。在福州八中,一名物理老师因为种种原因被调整到通用技术组。当他消沉不振的时候，陈炜鼓励他，送他去北京等地学习，并借鉴先进经验打造了省内先进的通用技术室。

如今，这位教师已在通用技术教学领域找到了自己的职业归属感，福州八中通用技术教室在全省率先引进激光雕刻、3D 打印等设备，吸引了不少兄弟学校前来参观"取经"。

2021 年，这位教师还请来老师傅，手把手地带领学生，利用课余时间打造了一艘能下水的"福船"，在福州市民的朋友圈被"刷屏"，引来点赞无数。

教师是心灵的医生，要像医生一样，具备"上手术台"的专业性。教师被"点亮"了，才能点亮学生。

一直以来，陈炜保持学习和思考的习惯。在他的办公桌上，随处可见他写下的一张张关于教育的"思维导图"。每每与同事分享学习体悟，都让大家获益匪浅。

他愿意成为点亮学生的"一道光"

"眼中有光、脸上有笑、心中有爱、手中有活、肚中有货、腿上有力、脚有方向。"这是陈炜对学生的期许：成长为"一个完整的人"。

在学生眼里，陈校长如同和善的朋友一般，愿意倾听成长的烦恼和心声，从不吝啬赞扬和鼓舞。

2021 届福州三中毕业生吴润天记得，高二的一天，他在教室埋头将一天的生活感悟写进日记时，校长悄悄地来到他身后，好奇地问他在写什么。师生越聊越投入，最后互加了微信。陈校长还邀请他一同散步、漫谈。

"这样的场景，我一辈子都会记住。校长在聊天中知道我喜欢生物后非常支持，鼓励我去钻研。他一直在鼓励我去实现想要做的事情。"吴润天回忆说。

毕业典礼上，吴润天将他高中3年的经历写成的小书《学习沉思录——我要高考了》送给了恩师们。如今在国外深造的他，依然清晰记得毕业典礼上陈炜校长的谆谆寄语，立志学成回国："即使身在远方，心也要永远和家乡的大地连在一起。"

对待孩子要"点燃、唤醒、等待、成全"。这是陈炜的教育心得。对待学生，陈炜从不责备，他更会告诉每一位老师："对学生，要多一些耐心，看到他们身上闪光的地方，鼓励个体个性化的发展，去倾听拔节孕穗的声音。"

面对一名对航空航天感兴趣的孩子，陈炜反复鼓励他参加全国创新大赛，后来这名学生被保送到南京航空航天大学。当碰到成绩一落千丈的孩子，陈炜会告诉班主任，先不要责怪，而是先关心孩子遭遇了什么。

为了让孩子在各种各样的平台上成长，他在福州八中打造了蓝色音乐厅、红砖美术楼。他也鼓励学生举办体育俱乐部，让志趣相投的学生聚在一起，尽情展现自我。

福州八中校园电视台初办的时候，计划采购一台价值数万元的摄像机。有老师提出，让孩子们用这么贵重的设备是否合适。陈炜坚定地说："让学生用。连用的机会都没有，怎么会成长，怎么能锻炼呢？"

如今，福州八中元旦晚会已经成为福州教育界的"名片"。看一场孩子们自编自导自演、水平不亚于专业团队、朝气蓬勃的晚会，就能看到陈炜想培养的孩子的模样。

包容与鼓励个性化创新发展，是陈炜许诺给孩子们的青春和未来。

2021年福州三中校运会上，师生编控无人机表演，在校园里引起欢呼和轰动。当下，无人机研发在高中校园里还不多见，而陈炜看到了智能科技在教育中的前瞻性。在"跨界"地理教师车云的带领下，福州三中的学生们开始接触无人机，并斩获多项国际国内比赛大奖。

"陈炜校长当年种下的种子，如今已经长成了大树。他带给学生们的理想信念，将伴随着他们成长在每一条与祖国同行的路上。"连仁昌说。

2021年暑假期间，正在化疗的陈炜身体十分虚弱。然而，面对一通通毕业班学生和家长打来的咨询志愿报告电话，陈炜总是不厌其烦地接听，并一个个耐心指导。"在他的眼里，学生只要有事，都是第一位的，家里的事都放在晚上下班后考虑。"陈炜的爱人说。

他化作了雨，滋养着大地

2010年，陈炜调任福州八中校长。踌躇满志、准备迎接新角色的他，却被查出罹患舌癌。做完手术后，身边人都为他担忧不已，但陈炜云淡风轻地笑笑："没问题，割一刀就好了！"

他很快又回到了工作岗位上。在往后的11年中，陈炜像是停不下来的陀螺一般旋转，直至在福州三中燃尽了自己最后的能量。

2021年10月26日，是陈炜最后一次来到学校。福建省政府教育督导组来校检查，经历了15次放化疗、身体虚弱的陈炜坚持亲自介绍。

在11年中，福建医大附属第一医院医生林李嵩一直是陈炜的主治医师。他们早已超越了普通医患关系，成为挚友。

"作为医生，经历了太多生离死别。但是在接诊过的所有病人中，陈炜校长给了我很大的触动。他自己默默忍着巨大的疼痛，展现给医生、护士和探视的同事们永远是温暖的笑容。每次看到有'白大褂'在床边时，他都会艰难地挤出一句'麻烦你们了'。"林李嵩说。

一天夜里，被病痛折磨得心率达到了每分钟130多次的陈炜，突然奋力起身，拔掉身上的各种管子，往病房门口冲去。手术过后声音沙哑的陈炜几乎是奋力呐喊："我要上班！我要回三中！我还有很多事要做，来不及了……"

在他生命的最后阶段，即便陷入谵妄状态，他心心念念的，依然是他的学校、他的学生、他的工作。

这样一位"不放心"的校长，让福州市教育系统的不少干部湿了眼眶：陈炜病逝后，翻阅他的档案，人们惊讶地发现，身为一所名校的校长，陈炜近年来放弃了多次参评特级教师的机会，全部让给了一线岗位上的资深教师。

"回想起和校长共事7年时间里的点点滴滴，我越发觉得，陈校长是一位纯粹的教育工作者。"当年陈炜引进的博士，如今的福州三中副校长周义勇说。

走进陈炜的办公室，依然是堆满案头的书和文件，仿佛他只是下班离开，很快又会笑容满面地出现在校园里。

12月12日，福建省教育厅专门为陈炜召开了一场追思会。会上，不少生前的同事、学生泣不成声。

福州三中西湖校区数学教研组组长黄炳锋说："陈炜校长的教育理想清晰又笃定，他就是福州三中育人目标的楷模——坚定的政治理想，顽强的奋斗精神，高尚的人生品格，扎实的创造才能。"

在陈炜的追悼会上，无法到场的同学们委托老师，为他们心爱的陈校长带去了一张张手绘明信片。

"我们相信，陈炜同志的精神会化作润物细无声的雨水，滋养着福建教育系统涌现出更多优秀的人才。"福建省教育厅领导说。

新华社客户端福州 2022 年 2 月 9 日电

那束"光"愈加亮眼

——追记 2022 年"最美教师"陈炜

◎ 靳晓燕

在《闪亮的名字——2022"最美教师"》发布的舞台上，他，缺席了。但人们还是深深地记住了他：福建福州三中原校长、地理教师陈炜。

2021 年 12 月 5 日，深受全校师生、家长爱戴的好校长陈炜因病去世。

"炜"，其意为光彩鲜明。30 余年教育生涯，从福州三中到屏东中学、福州八中，最后回到福州三中，陈炜将人生华彩的奋斗岁月留在了他热爱的一所所学校。一人，一辈子，一件事——为教育执着。

敢为人先，办"慕名而来，终身怀念"的学校

"我真的好爱福州八中，每次看照片、视频都会哭。爱她的辣子

鸡，爱她的狂欢节、科艺节、运动会喊楼、成人礼……"深深的三江水静静地流进学生心里，汇成福州八中三江口校区学生铭记终身的感动。

在三江口建设伊始，到处还是一片荒芜之时，陈炜看到了契机。敢为人先的他以服务福州发展的长远战略目光，毅然决定将学校整体搬迁到三江口片区，努力创办一所"慕名而来，终身怀念"的学校。

首创中澳班、中美班，引进全省基础教育领域第一位清华博士，以推动基础教育改革发展的专业视角探索寄宿制高中科学发展，博雅多通课程让学生走出课本和老师一起去探索更加广阔的天地，邀请各行各业的家长开设生涯规划系列讲座，助力学生打开多元与个性之门。

在福州八中，每一栋校园建筑都带上文化的印记，彰显出教育意义：图书馆大厅的墙上写着"深深的水，静静地流"，实验中心的墙上写着"大胆假设，小心求证"，学生宿舍则写着"与人为善，成人之美"……在陈炜看来，"学校硬件文化建设的根本归宿，是培养和造就名校、名师、名生、名牌和名胜"。

"他不是仅仅盯着分，更多是关注人。"福州八中校长陈晨说，这也正是陈炜践行"学生中心"理念的体现，让每一个学生都能站在属于自己的舞台中心。"体育和艺术是学生发展的两翼"，这里有多彩的活动空间——学生发展中心、蓝色音乐厅、红砖美术馆……陈炜总是鼓励学生们大胆办社团、排话剧、成立电视台，为他们提供舞台和机会，展示和锻炼自己。

在福州三中，陈炜提出"培养完整的人"的教育理念：要眼中有光、脸上有笑、心中有爱、手中有活、肚中有货、腿上有力、脚有方向。他总是用一种长远、发展的眼光去看孩子，看到学生身上闪光的地方，去倾听拔节孕穗的声音。

他更深深地懂得，教师才是教育发展的"根"和"魂"，这是他一以贯之的"教师第一"的管理理念。

福州三中校长张年雄清晰地记得他和陈炜在屏东中学工作时，举办学校首届青年教师素养大赛，为青年教师制订培养方案，为青年教师的专业发展搭建平台。

陈炜为不同教师群体量身打造了各种成长方向。在福州八中，他组织教师开展"对话教学"，推动教师及时更新教育理念和知识结构；在福州三中，他组织实施青年教师"春笋培养计划"、中年教师"大先生榜样计划"、骨干教师"扩展平台计划"，打造科学合理的教师队伍结构。毫无保留地同年轻教师交流思想、传授教学及工作经验技巧，为青年教师实现自我价值铺路。

刚就任福州二中校长的周义勇谈起新教师十倍速成长计划、青年教师拔尖计划、骨干教师卓越计划时说，当年从清华博士毕业的他，就是在这些计划中逐渐成长起来的。

更多教师成长起来了。而陈炜的履历，仍然简简单单——地理高级教师。

心心念念，不曾放下他未竟的教育事业

12年前，陈炜被确诊为癌症，手术出院不到一周，他就走上了工作岗位。

"我从没发觉，校长竟一直身患重疾。"陈炜的工作热情，让学校老师察觉不出他的不同。

2021年10月26日，福建省政府教育督导组开展"省对市督导"工作。经历了15次放化疗，陈炜的身体很虚弱。陈炜说："这很重要，我要亲自介绍。"这，是他最后一次到校。

◎ 陈炜参加"弘扬榕树精神，走好人生福道"福道远足活动

"相交多年，唯一一次见你生气就是那天深夜，你突然要拔掉身上所有的管子，奋力冲出病房要回学校上班。你说：'快点，来不及了，还有很多事情要做，没有时间了！'我们5个人紧紧守护着你，拼命阻止你。那一刻，原本极度虚弱的你，力量远远超过所有健康的常人。那一刻，连你最挚爱的家人和兄弟都留不住你。那一刻，我回到医生值班室，泪流满面。"福建医大附属第一医院医生黄立在朋友圈里写道。

　　而那一晚，陈炜陷入谵妄状态……他一刻也没有放下他的学生们和他未竟的教育事业。

　　"看到他奔波在4个校区间，我担心他的身体。他说'不累，我很快乐'。"妻子叶萍说，"其实，我知道他工作量很大，但是他工作起来太投入，太忘我，就感觉不到疲劳。"

　　"1996年，陈炜是我们的地理老师。他上课时讲解清晰、风格儒雅，随手一画就是标准地图，睿智的笑容让调皮的孩子们被自然吸引。"

　　"遇见他就像遇见了光。"

　　"您告诉我，'名师'追求的不是'名利'的'名'，是'明白'的'明'，我们要做一名能终身学习有情怀的老师。"

　　"他如春风，给人希望，给人温暖，给人勇气。"

　　师生们依旧忆起他们的陈校长、炜哥。

　　在陈炜离开的日子里，他的教育光芒愈加亮眼。你看——

　　陈炜校长首倡的"学术月"如期而至，各校区元旦文艺会演的琴弦上，校长描摹的拔节孕穗的声音清脆悦耳；福建省首批示范性普通高中学校的红榜上，福州三中、福州八中赫然在列；全国中小学班主任基本功和思政课教师教学基本功展示交流活动典型经验名单上，教师们光荣上榜……学校正在陈炜"培养一个完整的人"的办学思想、"扎根中国大地办教育，建设具有国际视野的现代化学校"教育梦想之路上不断向前。

　　　　　　　　　　　　　　　　　　《光明日报》2022年9月12日

用一生的力量做教育

——追记福建省福州第三中学原校长陈炜

◎ 崔斌斌　黄　浩

"轻轻的我将离开你，请将眼角的泪拭去，漫漫长夜里，未来日子里，亲爱的你别为我哭泣……"那个爱唱《大约在冬季》的校长，却没能熬过 2021 年的冬季，年仅 53 岁。

2021 年 12 月 5 日 17 时 55 分，福建省福州第三中学微信公众号发布了一则消息——《沉痛哀悼陈炜校长》，当晚就在福州教育界人士的朋友圈刷屏，数十万的阅读量与充满哀思的留言，足见人们对这位校长的真切不舍。

"他说要让孩子们成为眼里有光的人。"一条高赞留言这样写道。

"他说，希望各位会玩，会学习，更会做人。"另一条留言同样击中了许多人的心灵。

2022 年 1 月，福建省委、省政府追授陈炜福建省杰出人民教师称号。4 月，福建省委宣传部追授陈炜"八闽楷模"称号。

"伟大的校长，时代的楷模。"许多教师在 4 月 29 日的"八闽楷模"陈炜先进事迹发布仪式后这样留言。大家都想念这个眼中有光、脸上有笑、心中有爱的校长。

"没有等出来的精彩，只有拼出来的辉煌"

时间回溯到 1990 年，从福建师范大学地理系毕业后，陈炜开启了自己的教育生涯。

从福州三中到福州屏东中学、福州八中，最后又回到福州三中，每一所学校都留下了陈炜敢拼会赢的足迹。

2008 年，陈炜外出考察，体验到网络学习平台的便捷，预感到这是未来教育发展的新方向。回校后，他就主动对外合作，倡导建立各种信息数据库，开发出数学、英语两个学科的"课业管理中心"网络学习平台，推动了屏东中学现代信息技术教育建设的步伐。

2013 年，陈炜又"开风气之先"，在福州八中开设了中美课程实验班，设置击剑、射箭、篮球、排球和 PE 五大体育选修课，锻炼了一批又一批学生的意志力。不仅如此，当时的中美班有许多外地教师，陈炜能够叫出每个人的名字，并且了解他们的老家在哪里。他习惯把这些老师称为"中美班的宝贝"，足见他对这些人才的重视程度。

在同事们看来，陈炜有着常人没有的勇气，能从问题中看到机会。

9 年前，福州计划在三江口建设一所优质高中。其时，三江口尚处于开发阶段，哪所学校愿意迁往三江口？一时间，福州教育界议论纷纷，许多学校"望江兴叹"，陈炜却认为这是八中发展的好机会。"有一个这么好的校区可以'拎包入住',我很心动。"陈炜和领导商量着一起去三江口看看。不看不知道,一看吓一跳。校区正处于建设过程中,大片的沼泽,坑洼不平的道路,只有一座空壳的校舍……

"学校搬过去就完蛋了,不会有人愿意来这边上学的。"大家都这样说。

"这是八中实现腾飞的机会,我们一定要克服困难,抓住这次机会。"主意已定,陈炜向福州市教育局主动请缨:"八中来接!"

"他有一种使众人行的能力,有很强的领导力。"福州三中党委书记说。

在上级部门的支持和陈炜的推动下,2020年6月,福州首个12年贯通的福州三中教育集团成立了。由于集团内部各校既包含3个学段,又位于5个区县,还存在3种不同法人模式,可参照借鉴的经验成果少之又少,有人劝陈炜先缓缓、再等等。他说,实干出真知,学生发展等不起,"没有等出来的精彩,只有拼出来的辉煌"。

陈炜马不停蹄带领众人展开调研,一校一策,集团办学步入高质量跨越式发展阶段。有人统计,每周陈炜在各校区的行程是262公里,比从福州到厦门的距离还长。

不仅如此,在福州三中,陈炜还谋划教学数字化转变和教育转型;与北京师范大学合作,提升师生的格局和视野;提出五年规划,开设"大先生"论坛,弘扬"大先生"精神……

在精心治理下,陈炜曾担任校长的福州八中与福州三中等学校都成了福州基础教育闪亮的名片。

"振臂高呼，使众人行"

"我眼中的陈校长一直是一个平凡中透着教育家光芒的师者。"屏东中学教务处副主任郑天宇说，"他是一个将教育作为事业去追求的人，真正将教师的成长看在眼里的校长。"

的确，陈炜是出了名的爱才、惜才。

许多教师尤其是年轻教师私下习惯称呼陈炜为"炜哥"，不仅仅因为年纪，更因为他的为人、眼界、格局担得起这一声"哥"。遇到困难，大家也总喜欢找他倾诉。

屏东中学现任校长张年雄还记得，陈炜在屏东中学工作期间制订了学校青年教师培养方案，为青年教师的专业发展搭建了许多平台。

"当时举行首届青年教师素质大赛，许多青年教师有顾虑，他耐心做思想工作，还参与赛事方案的制订。"张年雄说。

2019 年，陈炜回到福州三中担任校长，又牵头组织新教师培训，培训内容涉及方方面面。"这些培训为我们新教师快速进入工作状态提供了帮助。"福州三中西湖校区教师陈瑱昊说。

后来，陈炜专门找到陈瑱昊，提出要成立青年教师专业发展委员会。陈炜说："3 年以内的新教师成长学校可以负责，而 3 年之后的成长就需要你们自己来负责了。入职的时候我听你说想做课堂教学方面的研究，愿不愿意一起来？"

"能记住一个普通新教师在刚入职时稍显稚嫩的愿望，这一点让我感动不已。"陈瑱昊回忆。

陈炜特别喜欢读书，总是与书形影不离，他也把读书风气带到了学校。

2012年，陈炜在八中提出让老师多看书，他指着图书馆的书说："只要哪本书老师喜欢，就送给老师。"这一建议让老师们颇为喜悦，却让图书馆负责人惊讶不已。那段时间，老师们看到喜欢的书，真的可以带回家珍藏。

在校长陈炜的影响下，2013年起八中德育处副主任郑杜平开始系统读书，坚持做读书札记，直至今天。

"他渊博的知识与温和坚定的性格，就如同他在三江口校区图书馆墙上写的那句话——'静静的水，深深地流'。"郑杜平说。

屏东中学化学教师陈琼英受陈炜影响创立了木棉书屋，陈炜大力支持，不仅推荐阅读书目，还担当木棉书屋的首届阅读导览嘉宾。越来越多的家庭和学生在木棉书屋的阅读中成长、改变，木棉书屋也被评为福州市优秀社团。

陈炜始终强调"教师是学校发展的根与魂"，他坚信："每一位教师都是会发光的金子，要让金子的光芒被看见。"早年，陈炜就提出教师的"三热爱"：热爱教育事业、热爱学生、热爱生活。他说，让教师心中有爱、以爱育人，也被爱滋养，让教师不只燃烧自己照亮他人，还在发展学生的同时实现自己的同步发展。

担任福州三中校长后，陈炜把教师发展作为重中之重，为青年教师打造每周一次培训的"春笋计划"的同时，还为中年教师突破职业发展瓶颈施行"大先生"榜样计划，为骨干名师发起"扩展平台计划"，燃起了全校教师找寻、实现育人梦想的希望。

"尤其让我印象深刻的是，陈炜校长非常尊重学校的每一位劳动者。"福州三中滨海校区副校长江雄说，"2019 年 11 月，有一次餐饮工作人员犯错，我生气地批评对方，陈炜校长说，我们要尊重他们，要讲清道理、错在哪里，而不是一味地批评。"

福州八中心理教研室主任谢维兴与陈炜前后共事 10 年。让他印象深刻的是，有一次学生发展中心需要校长的资料进行宣传，陈炜发来的材料上只有一行字——陈炜，中学地理高级教师。谢维兴就去找他："校长，这也太寒碜了吧，能不能多给一些介绍呀。"陈炜笑了笑，没有再说什么。

如今，许多教师在这样的环境下茁壮成长，取得了许许多多的荣誉。但陈炜的档案袋很薄，他既不是正高级教师、特级教师，也不是学科带头人、领衔人，没有个人专著。

许多人曾提醒陈炜有机会可以评一下特级教师和正高级教师。陈炜笑了笑，不置可否。福州三中教师车云说，在申报福建省和国家级基础教育教学成果奖时，曾希望作为团队成员的陈炜一同署名，但被他婉拒了。

评奖评职称，陈炜都看得很淡，他说："我是个经历过生死的人，这些都不重要，把机会留给别人吧。"

在陈炜看来，当校长就要做好两件事——振臂高呼，使众人行。

"别人有的，我们也要想办法给孩子"

"眼中有光、脸上有笑、心中有爱、手中有活、肚中有货、腿上有力、脚有方向。"这是陈炜对学生的期许，也是他的办学理念"培养一个完整的人"的具体化阐释。

"陈炜校长认为分数很重要，但更重要的是提供各种平台，让学生全面发展。"福州三中副校长周义勇说。

有一次，陈炜带领教师到广东中山一所中学学习考察，看到学校有一个很大的音乐厅，八中音乐教研组组长许文感叹："这里的孩子真幸福。"陈炜说："别人有的，我们也要想办法给孩子。"

许文以为校长只是顺口一说，并没有放在心上。没想到一回学校，陈炜就带着她在校园里走访，边走边讨论什么地方适合建音乐厅。"小点没关系，我们可以先做室内乐。"陈炜说。

半年后，福州八中三江口校区崭新的音乐厅诞生了。又一个多月后，陈炜问许文："你能不能办一场音乐会？没做过也没关系，先做起来，哪怕独奏也可以。"就这样，在陈炜的鼓励与支持下，八中每年一次的音乐会越办越好。

"陈炜校长给了老师许多温暖和希望，你会发现，踮一踮脚，我能做到，再往上跳一跳，我可以做得更好。"许文说。

陈炜总说"体育和艺术是学生发展的双翼"。福州三中西湖校区教师刘华军回忆起当时学校创办乐团的经历感慨不已："那时的乐团刚起步，我还有很多畏难情绪，陈炜校长总安慰我说，不要怕，人一定要有梦想，有了梦想才会敢做，一定可以的。"

"他懂得尊重每一个人，他总是能激发并凝聚一大群人，大家心甘情愿为教育倾尽所有。"福州教育研究院德育处副主任严权纲表示。

不仅是老师，不少学生的热情也常常因为陈炜而被激发。从福州八中考入清华大学的学生徐浩璟回忆："高三时，陈炜校长找我单独谈话，关心我的学业，发现我的古文比较薄弱，他特地去拜访已

◎ 陈炜给高三学生送祝福

退休的古文专家，亲自为我单独授课。"徐浩璟说，"没有陈炜校长给予的关心和帮助，我不可能取得今天的成绩。"

福州三中 2021 届毕业生吴润天记得，高二的一天，他在鲜有人至的楼梯口埋头写"书"，陈校长悄悄来到身后，好奇地问他在写什么。两人越聊越投入，最后互加了微信，陈炜还邀请吴润天一同散步讨论。"更多的时候，我成了'老师'，校长反倒成了我的'学生'，带着微笑赞扬、点头。"吴润天回忆，"这样的场景，我一辈子都会记住。校长一直在鼓励我去实现想要做的事情。"

毕业典礼上，吴润天将他高中 3 年的经历写成的小书——《学习沉思录——我要高考了》送给了恩师。如今在国外深造的他，依然清晰记得陈炜的谆谆寄语，立志学成回国："即使身在远方，心也要永远和家乡的大地连在一起。"

"我感谢教育，感谢这个世界"

其实，2010 年 9 月刚刚调任福州八中校长，陈炜就被诊断出舌癌。

身边人都为他担忧不已，但陈炜云淡风轻地笑笑："没问题，割一刀就好了。"做完手术被推出来时，陈炜向等在外面的家人摆了个"OK"的手势，让大家放心，这个手势让爱人叶萍记忆犹新。手术后一个月，他就回到了工作岗位，为福州八中"追求卓越"而打拼。

2021 年，电视上播着介绍袁隆平、屠呦呦等人事迹的专题片《功勋》，陈炜看得满脸泪痕，叶萍吓了一跳，问他："怎么啦？"陈炜百感交集地说："总是有那么一批人，为国奉献，信念坚定，无怨无悔。"那个时候，陈炜的癌细胞已经转移到了淋巴，叶萍问他："你的理想信念是什么？"陈炜说："一定要把三中办成全省最优最一流的学校。"

在病床上，陈炜非常难受，儿子看了痛在心里，止不住流泪。陈炜告诉他："孩子，我们不怕。我感谢教育，感谢这个世界。"他觉得这辈子能从事自己最爱的教育事业是幸福的。

陈炜曾向周义勇传授当校长的经验："白天想想他人的事，为老师学生家长解决琐碎的事；夜深人静的时候，想想学校的事，想想学校的规划、发展，伏案写材料；睡前，想想家里的事，和爱人聊聊小孩、家人。"陈炜还不忘补上一句，"这样的人生很美满。"

陈炜特别欣赏陶行知的一句话：人生为一大事来。

"陈校长将教育当成了一种事业，当成了一生的追求。"周义勇说。

《中国教师报》2022 年 5 月 11 日

最美 2022 教师

韩 龙

5次抉择，他用青春谱写浓浓家国情

从一名怀揣着音乐梦想的普通大学生蜕变成屡获嘉奖的部队文艺兵，韩龙用了4年；从前程似锦的职业音乐人转行成为扎根基层的乡村音乐教师，韩龙用了8年；1年援疆，3年援藏，从青春年少，至而立之年，韩龙义无反顾地做出数次坚定的抉择。青春在淬炼中发出夺目的光辉，心中的教育梦想愈加璀璨。韩龙，以青春誓言，践行着一名党员教师的庄严承诺，用崇高的师德印证着自己对教育事业的挚爱。

携笔从戎，报效祖国

凭借着对音乐近乎痴狂的热爱以及对教师职业的崇拜，2004年高中毕业之际，韩龙报考了安庆师范大学音乐学院并被顺利录取，主修作曲。如他所梦想的那样，这所百年高校里的一草一木、一砖一瓦都像跳动的音符，处处蕴藏着丰富的人文内涵和历史底蕴。初入大学的韩龙看到了一个崭新的世界，也享受到了音乐带给他的幸福体验。

2005 年，学校下发了关于国家征集大学生士兵的号召，韩龙毅然报名入伍。因具有音乐特长，他被中国人民解放军装甲十师政治部特招为文艺兵，安排在师政治部军乐团服役，成了乐团创作员和首席小号手。军营生活艰苦枯燥，但军营的严明作风，官兵们的爱国豪情，使他悄然无声地发生了蜕变。韩龙珍惜军旅生活的每一天，和战友们同上阵地、齐进课堂、共赴训练场。别样的军营生活，开阔了他的创作视野，使他不断学习求教，也带给他更多的创作灵感。服役期间接连创作了《战友今夜就起程》《士兵颂歌》《军人永恒的偶像》《往前走》《故乡云》《相聚在爱里》《明天在何方》等 10 首军旅作品，在部队和战友中广为传唱。因在部队工作表现突出，入伍当年，他就荣获了师部嘉奖，次年荣获"优秀士兵"称号。大学和参军的经历不仅磨砺了韩龙的体魄和意志，也为他后来圆梦教师播下了希望的种子。

自主创业，奉献社会

两年的军旅生活转瞬即逝，退伍后，韩龙重返母校，在老师的指导下，深入学习作曲理论，作曲手法越发娴熟。他召集了几位热爱音乐的同学成立音乐工作室，通过这个平台，创作了 30 余首歌曲，并为学校 15 个社团免费创作了会歌，为繁荣校园文化作出了积极贡献。大学期间，韩龙创作的《相聚在爱里》被全国高校选为当年"5·25 全国大学生心理健康节"主题歌曲，成为当地主流媒体刊播的主打歌曲。2008 年，汶川地震，举国哀痛，韩龙夜不能寐，潜心创作了赈灾歌曲《爱是我们的传奇》，抚慰在灾难中遭受创伤的心灵，并将歌曲义卖所得 4000 元善款全数捐给灾区。这次经历让韩龙更深刻地体会到奉献才是真正的快乐。

大学毕业之后，韩龙不等不靠，开始了自己的创业之路，他开办了一家艺术培训中心，很快，他因自己扎实的专业素养和贴心的服务受到了欢迎。2014 年新年前夕，韩龙参加安庆市首届创业大赛，在数千名选手中脱颖而出，斩获首届创业大赛二等奖，并荣获安庆市"优秀青年创业带头人"称号。他所创立的艺术培训中心愈发红火，成立 3 年来先后帮助 100 多名音乐高考生迈入理想大学的校门，200 余名热爱音乐的寒门学子和贫困儿童在此接受免费培训，事迹被解放军报、人民前线报、东海民兵、安庆日报、安庆电视台等国家和地方主流媒体报道。2014 年 6 月，韩龙深入农村社区，开创了社区精品文化建设的先河，分别担任安庆燎原和芭茅巷两个精品社区的文化总监，多次接待国家级和省市级领导的到访，顺利完成安庆市文化建设的国家项目验收。如今他已经成为当地青年创业的一个航标，带动了当地大学生创业就业的发展，2014 年年底，他紧扣社会主义核心价值观主题创作了《我的梦真精彩》《人民公仆为人民》等 10 首文艺作品，取材扎根人民，贴近百姓生活，被广为传唱。创业期间的知识储备和工作激情为韩龙后来成为一名合格的人民教师打下了坚实的基础。

不忘初心，扎根教育

经历过从军和创业的韩龙，虽然自己的事业一帆风顺，但他并没有忘记自己的初心和教育情怀，依然想把音乐的种子播进更多孩子的心田。于是他带着军人的意志和创业的激情毅然投入到了火热的教育教学事业中。

2016 年，韩龙在网上看到了一则招聘消息：招聘乡村学校合唱团志愿者教师，义务为安庆市一所贫穷、偏远的乡村学校的孩子教授音乐合唱技巧。韩龙立即申请并获准。在半年义务教学工作中，农村孩子朴实的模样和渴望音乐的眼神深深打动了他，韩龙的内心感受到了前所未有的悸动。他立志成为这个乡村的音乐教师，永远留在这里教授孩子们音乐，并带领他们走出大山，奔赴更加美好的生活。当年，韩龙顺利通过安徽省教师编制统考，成为这所学校一名在编的音乐教师。自此，韩龙终于实现了他的教师梦，他的人生也开启了新的篇章。

工作期间，韩龙不仅教授音乐，还当上了学校的少先队辅导员，他向学校提议，与当地部队合作，对孩子们进行国防教育，让孩子们从小就要树立崇拜军人、尊重军人，立志成才、报效祖国的志向。每逢清明节，他就组织少先队员徒步到安庆市烈士陵园扫墓，将音乐教学与国防教育结合起来，组织国防教育演讲比赛、红色歌曲演唱比赛等各类爱国主义教育活动。

此外，韩龙还特地成立了乡村学校女子国旗护卫队，每周一进行隆重的升国旗仪式，这是安庆市乡村学校中的第一支女子国旗护卫队，成为乡村校园里一道亮丽的风景线。

同时，韩龙将乡村音乐与国防教育有机结合起来开展教学研究，在当年的全区优质课大赛中斩获全区音乐优质课大赛一等奖，践行自己教育梦想的同时，也为全区音乐教育教学指明了方向。韩龙还为学生教授了部队的军体拳，将传统的课间操改为集体军体操，为学生树立了强身健体、保家卫国的成长理念，践行了国家大力提倡退役军人进校从教的政策理念，大大推动了乡村教育的均衡发展。

投身边陲，援疆育人

如果没有一腔热血，只图安逸、稳定，韩龙的工作将会波澜不惊；如果没有高尚的理想和抱负，只顾一己之利，韩龙的生活也能衣食无忧。但韩龙没有这样，他的心中有团火，那是音乐创作的灵感源泉，那是教育情怀的初心，更是他施展才华和抱负的助推器。

2018年年初，韩龙得知党中央发出了援疆的号令，毅然报名，虽然家人不赞成，但韩龙耐心解释，最终打动了他们。当年的9月1日，韩龙暂时结束了两年的乡村教师工作，踏上了援疆支教之路，走进了中国西北大漠边陲的一所学校——新疆和田皮山县高级中学。茫茫戈壁，一望无际，异域的环境和生活与之前截然不同。韩龙在忍受孤独的同时，也在克服接二连三的不适应。军人出身的韩龙不怕苦，他在艰苦的环境和生活中不断挖掘，音乐的灵感汩汩而出。很快，他和援疆教师朱飞共同谱写出皮山县高级中学校歌《绽放》，圆了皮高全体师生多年的校歌之梦。"一漠驼铃学子的梦，这里悠扬着中华五千年文明，一路古道绽放着笑，皮高师生团结一家亲。"正如歌词里所唱，歌曲《绽放》融入了地域、历史和时代特点，歌颂了广袤的祖国边疆，民族文化一脉相承，民族团结之花在绽放。在缺乏设备和人手等最艰苦的条件下，韩龙为歌曲制作了音乐伴奏，完成了音乐的录制，同时组建了和田地区第一支合唱团——"石榴籽"合唱团。

　　如果说韩龙谱写的第一首原创歌曲《绽放》为皮山学子打开了音乐之门，那么创作的第二首民族团结之歌《石榴红》则把皮山学子带到了全国大舞台——全国第六届中小学生艺术展演。2019 年 4 月 12 日，韩龙与两名新疆籍老师带领 40 名皮山高中学子跨越 6000 多公里，经过 5 省，历时 60 个小时，于 4 月 15 日到达苏州，一下车就感受到了苏州市人民的热情，合唱队队员身穿的中国红主题合唱服格外抢眼，在火车站广场上，前来欢迎新疆团的苏州 200 多名中学生与合唱团的队员们一起载歌载舞，场面浩大而喜庆，充分展现了民族团结一家亲的浓厚情感。4 月 17 日晚，40 名来自戈壁大漠的学子们伴着手鼓和都塔尔，在苏州金鸡湖国际音乐厅展开歌喉，载歌载舞。一曲结束，现场响起了经久热烈的掌声。这次演出一举斩获全国展演二等奖的佳绩，韩龙也荣获了全国第六届中小学生艺术展演全国优秀指导教师的荣誉。

　　韩龙是一个自强自信的人，更是一个有理想、有抱负的人民教师。在援疆的一年中，他与皮山高中师生结下了深厚友谊。这方水土也滋养着他，让他的心灵更丰满、内心更敞亮、格局更开阔。他对党中央治疆方略的深远意义有了更深刻的领悟，先后为安徽省援疆指挥部和战斗在一线的公安干警创作了《自豪的援疆人》和《使命》，激发了他们的斗志。韩龙不仅创作了很多歌曲，始终以歌唱民族团结为己任，同时他还在担任学校团委副书记和音乐教研组长期间，尽职尽责，培养了一批优秀的音乐人才，策划了学校各种大小文艺活动 20 余场，完成了音乐公开课 40 余节，带出了 5 位民族音乐教师徒弟，为新疆教育的发展注入了新鲜血液和青春活力，奏响了一曲民族团结之歌。

情满西藏，颂歌时代

2019年7月，结束援疆工作后，韩龙回到了家乡，与久别的家人团圆。那些天，韩龙为弥补心中的愧歉，带年幼的孩子做游戏，陪年迈的父母聊家常，给心爱的妻子分担家务。那是他们一家人一年之后享受到的最幸福的时光。但很快这种温馨、团圆的氛围就因为韩龙的又一次抉择而散去。当年8月，韩龙得知教育部正在征集援藏教师，没有丝毫犹豫，他又报名了。经过组织审核，很快得到了批准。启程前夕，儿子含泪问他："爸爸，你才回来，怎么又要走？你啥时再回来？"韩龙的眼里也有泪，他抱着儿子说："爸爸要去很远的地方教书，那里的孩子缺少老师，所以更需要爸爸……"

2019年8月26日，安徽援藏教育工作组46名援藏教师奔赴西藏，韩龙再次告别了故乡和亲人，怀揣着梦想和使命踏上了自豪的援藏征程。这是韩龙30年人生中的又一次重大抉择。从皖西南大地到西部戈壁再到雪域高原，韩龙仿佛在进行时空穿越，他的生活节奏和规律也在不停地进行切换。

2019年5月31日，"不忘初心、牢记使命"主题教育工作会议在北京召开。韩龙作为一名援藏党员教师，从9月26日开始，参加了学校党支部组织的6次"不忘初心、牢记使命"主题教育理论学习，通过不断学习，对守初心、担使命的感受愈加强烈。他结合学习的内容和个人创作特长，创作了一首朗朗上口的《为人民》，用铿锵有力的音符记录了这一历史新篇章。2019年11月，他又接连完成了校歌《共创新辉煌》的创作，使得一个新建的学校有了自己的灵魂和精神之歌。2019 年 12 月 15 日，山南市完全中学"不忘初心、牢记使命"主题教育艺术化大型现场展演活动拉开了序幕，学校推荐他作为本次展演活动的总导演和总策划。经历 20 天的集中排练和设计，展演活动成功开展，新华网、人民网、人民日报、中国青年报、西藏各大媒体都予以了报道。

山南市完全中学崭新的藏式现代化教学楼，在蓝天和白云的映衬下，显得庄重而充满活力。小扎西是一名来自海拔 4500 米边境县牧区的孩子，从小生长在牧区，儿时以牛羊为伴、与雪山白云为友，她是韩龙钢琴课上的一名学生，第一天上课时，她显得无比激动，端坐在钢琴前，好奇地摸索着琴键，眼睛里充满渴望，黝黑的双手与洁白的琴键形成了鲜明的对比。看到这一幕，韩龙泪眼蒙眬，感受到藏区孩子对音乐的渴望，也在心底默默坚定信念：一定要为这群孩子照亮追寻音乐的道路。自从韩龙来到这里，常听到美妙的钢琴声从教学楼里缓缓传出，灵动的琴音和着孩子们清脆的歌声，交织成一曲纯粹的天籁，回荡在这片雪域高原上空。在这之前，这里的孩子们做梦都没有想到，自己也可以穿着洁白的礼服坐在钢琴前演奏。

在西藏山南完全中学的两年多时间，韩龙不仅使学生们受到音乐的陶冶，更凭借杰出的工作能力让这所学校的音乐教育跨上了新台阶。2022 年，韩龙创办完中首届音乐高考特长班，亲力亲为，连续战斗了 200 多个日夜，在 2022 年西藏艺术统考中，15 名艺考生全部达到本科线，学生德吉仓决总分位居山南市第一名，为祖国培养输送了一批优秀的少数民族高等音乐人才。

韩龙始终记得电视剧《士兵突击》中许三多说过一句话："人活

着就是做有意义的事情，做有意义的事情就是好好活着。"韩龙一直在努力做着有意义的事。2019 年 12 月 18 日，清晨天刚亮，伴着洁白的月光，韩龙带领的 6 人小组驱车前往海拔 4510 米的浪卡子县张达乡小学，开展帮扶活动，为 143 名 1—6 年级的小学生和 13 名教师送去了他在内地筹集的 1000 件新棉衣和 4500 元善款。2020 年 8 月，韩龙再次筹备帮扶活动，这次帮扶的对象是海拔 4460 米的措美县谷堆乡小学，他为该校的 69 名小学生、30 名幼儿园学生以及 14 名小学教师、5 名幼儿园教师送去价值 5 万元的物资，其中包括新衣服、学习用品、护手霜、面霜、营养品等。自支教边疆以来，韩龙始终在工作之外做着这些力所能及的事情，援疆的一年中，韩龙先后为新疆皮山的孩子在内地筹集新衣物 5000 件，个人资助贫困学生 5 人。在韩龙看来，那不仅是给边疆人民的一份关心，也是他心中浓浓的一份民族情谊。

高原缺氧，让韩龙的身体遭受了严峻的考验。到达山南以后，他先后两次因为工作过度劳累住院抢救治疗，但一出医院，他又打起精神，投入工作。作为音乐教研组组长，为了把经验传授给更多的同事，他在学校坚持开展公开课，每个月安排所有音乐教师上公开课，相互听课评课；每个星期开展音乐组教研活动，总结和研讨音乐教学，通过不断的磨课、总结，达到传帮带的目的。2021 年年底，韩龙带领本地音乐教师顺利地完成了山南市 2020 年市级课题"援藏背景下少数民族中学生普通话和朗诵表演现状及策略研究"，大大提高了山南学子们的朗诵表演水平和普通话水平。

韩龙还别出心裁地将安徽的黄梅戏文化带入受援学校，并建立黄梅戏社团，将其打造成皖藏文化的链接带。韩龙与受援学校达成

◎ 韩龙在安庆罗岭中心学校进行音乐教学

黄梅戏教学合作意向，合作开展一项"爱我中华传承黄梅"的项目，黄梅戏正式进入课堂。他协调各方面资源，捐助黄梅戏教材1000余本、黄梅戏服1000余件，在学校设立黄梅戏练功房和排练厅。与此同时，他还在学校建立3个校级援藏教师工作室，分别为合唱表演工作室、音乐制作工作室、钢琴爱好者工作室，创办了黄梅戏社团、舞蹈社团、礼仪社团、话剧社团四大社团，不仅传承了中华民族的历史文化，加强了民族文化的交往、交流、交融，更为西藏地区培养了一批艺术人才的种子。

　　进藏以后，韩龙亲身感受到在党中央的领导下，西藏人民生活的巨大变化以及经济的飞跃发展，他除了完成繁重的教学教研任务之外，还在空闲时间深入西藏多个地方采风，在了解藏区真实生活的情况下，创作了西藏脱贫攻坚歌曲《幸福吉祥》。2020年，这首歌成功入选西藏自治区电视台春晚和山南市藏晚，获得一致好评。

全曲通过朗朗上口的旋律、朴实无华的歌词、幸福欢快的藏族舞蹈，完美诠释了西藏人民在党的领导下，步入小康社会的美好画面，受到了国家民委、安徽省委组织部、西藏自治区党委宣传部的高度认可，荣登"学习强国"学习平台等各大国家级媒体，并荣获安徽省总工会年度歌曲评比"金曲奖"，同时此作品已经编成合唱作品于2022年3月代表西藏自治区教育厅上报教育部，入围全国第七届中小学生艺术展演合唱表演类作品评选。

2021年7月21—23日，习近平总书记视察西藏，庆祝西藏和平解放70周年。习近平总书记特地看望了全国援藏干部人才代表并发表重要讲话，鼓舞了援藏人的士气，会见结束后，安徽省第七批援藏工作队组织全体干部人才深入学习习近平总书记的讲话，并且委托韩龙专门创作了援藏歌曲《援藏好儿郎》。这首歌曲唱出了全国援藏人的心声和士气，并在西藏2021年雅砻文化节上，由安徽、湖北、湖南、中粮集团四大援藏队代表倾情演绎，向党中央和全国人民展现了援藏人不畏艰苦、不怕牺牲的援藏精神。作品并由新华社专门拍摄了MV向全国推广，得到了中央组织部的高度认可和全国援藏队员的传唱。

援藏3年中，韩龙不仅在教育教学上取得了巨大成功，还创作了多首音乐作品：中国边防之歌《行走的界碑》、民族团结歌曲《雅拉香布雪山下的姑娘》、建党百年歌曲《星光》《和谐中国梦》《在路上》、喜迎党的二十大主题歌曲《担当》等多首文艺作品，多次登录"学习强国"学习平台和国家级媒体。这些作品不仅传递了西藏的幸福声音、促进了民族大团结，更歌颂了党的丰功伟绩和人民群众、英雄典型的先进事迹。2021年，韩龙事迹成功入选安徽省电视台庆祝建党100周年、西藏和平解放70周年《奉献西藏典型人物》纪录片，并获得国家广电总局2021年度优秀纪录片展播。其家庭因在促进民团结中作出了巨大贡献，成功荣获2022年度安徽省"最美家庭"称号。

从军代表着他对国家怀揣满腔热血；创业意味着他向社会贡献青春无悔；从教表明了他始终坚守教育情怀；援疆和援藏更是象征着他无私奉献、勇于牺牲的崇高师德师行。3年的援藏工作还未结束，韩龙仍然战斗在雪域高原。这位刚过而立之年不久的青年教师，依然行走在祖国最艰苦的边疆大地上，歌唱着，创造着，奋斗着。哪里需要他，他就去哪里，时刻准备着为祖国的教育事业奉献一生，为民族的团结事业奋斗一生。

教育部教师工作司供稿

"最美教师"韩龙：
用音乐照亮孩子们的心

◎ 戴 威

9 月的安徽安庆，暑气散去，秋意渐起。

安徽省安庆市罗岭中心学校音乐教师韩龙坐在音乐教室的钢琴前，双手在黑白格间跳跃，音符织起的旋律飞出窗外。

而他的思绪，时而飘进田野，时而来到戈壁，时而飞向高原……

2004 年，高中毕业的韩龙因为对音乐的痴迷，报考了安庆师范大学音乐学院。毕业后，他一直从事和音乐相关的工作，还建立起一家公益性"留守儿童"教育中心。

2016 年，他看到一则招聘消息：招募乡村学校合唱团志愿者，义务为一所乡村学校的孩子们教学。

没有一丝犹豫，韩龙立即报名参加。半年义务教学中，农村孩子对音乐的渴望，深深打动了他。也是从那时起，他立志留在孩子们身边。当年，韩龙顺利通过安徽省教师编制统考，成为这所学校的一名在编音乐教师。

2018 年，他又迎来了一次人生选择。

当年 9 月，他暂时结束两年的乡村教师工作，踏上援疆支教之路，走进西北大漠边陲的一所学校——新疆和田皮山县高级中学。

茫茫戈壁，一望无际。

他拨动琴弦对抗孤寂，创作歌曲唱出心声。在陌生的环境里，他的创作灵感汩汩而出，先后创作出多首歌颂祖国广袤边疆、反映民族团结的歌曲。

2019 年 4 月，韩龙带领 40 名学生跨越数千公里来到江苏苏州表演。

"孩子们都是第一次来内地，也是第一次登上这么大的舞台。"韩龙说。在苏州金鸡湖国际音乐厅，他和孩子们载歌载舞，唱出民族团结一家亲的深情厚谊。

2019 年 8 月，韩龙再次告别亲人，怀揣使命，毅然踏上援藏征程。

才别戈壁，又上雪山。西藏山南完全中学，成了他的下一站。

刚上高原，低压高反差点让他丢了性命。"连续两次被送到医院抢救，还好我命大。"韩龙笑着说。

他一直记得，一个叫小扎西的孩子。

这是一个来自海拔 4500 米边境县牧区的孩子，从小和牛羊为伴、与雪山白云为友。

第一次上音乐课，小家伙好奇地摸索着琴键，黝黑的手与洁白的琴键形成鲜明对比。看到这一幕，韩龙红了眼眶，他发誓要用音乐为这些孩子点亮一盏灯，让他们的人生多一些可能。

2022 年，韩龙创办了山南完全中学首届音乐高考特长班，他和同事们战斗了 200 多个日夜，在 2022 年西藏艺术统考中，15 名艺考生全部达到本科线。

在山南完全中学，孩子们和他多少有点"没大没小"，几乎没有学生喊他"韩老师"，大家都喊他"老韩"。

朝夕相伴，老韩教他们唱歌，他们教老韩捏糌粑、喝酥油茶。"我和他们天天在一起，无话不说。"韩龙说。

2022 年 8 月，韩龙结束了近 3 年的援藏征程。来不及多休息，闲不住的他又准备起新学期课程。

2022 年教师节传来喜讯：韩龙被评为 2022 年"最美教师"。"我将继续用音乐让更多农村孩子敞开心扉，拥抱未来。"韩龙说。

新华社合肥 2022 年 9 月 11 日电

火红的青春　无悔的选择

◎ 韩　龙

"一声誓言，豪情万丈。一路征程，洒满阳光。背起行囊，我去援藏。一声号令，冲向前方。党的光辉照边疆，边疆人民心向党，我的青春在这里绽放，我是祖国的援藏好儿郎……"每当唱起这首由我作词作曲的援藏歌曲《援藏好儿郎》，依然心潮澎湃、斗志昂扬。

当一个人的青春融汇到一个时代、一份事业中，这样的青春就不会远去，若在如火的青春中去实现自己的梦想将是多么有意义的人生！与新时代优秀青年相比，我是普通的一员，但是我很幸运地在最美的青春年华完成了人生的大学梦、军旅情、创业路、教师缘、援疆行、援藏行、文艺颂等人生梦想。以梦为马，以汗为泉，18年青春汗水的挥洒铸就了更加坚定的我。

援疆，意味着血性与担当；援藏，更意味着奉献甚至牺牲。古人云："天下兴亡，匹夫有责。"实现中国梦，离不开援藏的力量、青春的血液。这是历史赋予我们的时代重任，也是我应该履行的使

◎ 韩龙为艺考生培训

命担当。即使环境再恶劣、任务再艰巨，我都无悔援藏的选择，相信只有插上激情的翅膀，勇敢追梦、努力圆梦，才能在祖国的边疆自由飞翔。援藏人是西藏建设的生力军，是民族统一融合的维护者，选择援藏，知识报国；投身援藏，放飞梦想！今天，我向着党旗国旗又迈出了一步；明天，我的人生必将写下最辉煌最珍贵的一笔，因为这是火红的青春、无悔的选择。

希望更多优秀青年能到祖国最艰苦最需要的地方建功立业，奉献青春，做一名有担当、能吃苦、肯奋斗的新时代青年，我想，这才是我们这一代青年人应该有的样子。

《安徽青年报》2023 年 1 月 19 日

最美 2022 教师

祝响响 ○─────────────────

用最初的心　走最远的路

　　1996 年，祝响响以优秀毕业生的身份分配到了浦江最优质的城区小学。从此，小学语文教育成了她一生挚爱的事业。她先后被评为全国"最美教师"、全国优秀教师、浙江省教书育人楷模、浙江省万人计划教学名师、浙江省特级教师、浙江省春蚕奖获得者、浙江省教坛新秀、浙江省三育人岗位建功先进个人、浙江教育年度影响力人物、浙江省教育科研先进个人等。党的十八大以后，党中央把促进城乡教育均衡发展列入重要工作日程。因此，在追求业务精湛的同时，祝响响一直用最初的心，走在城乡教育均衡发展的路上……

从城区到山区：把好学校办在村民家门口

　　2014 年，浙江省开始试点义务教育学段县域内教师交流制度。祝响响主动响应交流政策，来到浦江最偏远的山区学校任校长，成了一名地地道道的山村女教师，也成为浦江县一校两区办学模式改革的"第一人"。从此，沿着那条山间公路，她来到离城区 30 多公里的檀溪中小。

在这之前，祝响响并不知道檀溪中小在哪里。接到调令的当天，她谢绝家人的陪伴，独自驱车寻找学校，却因为学校校门太不起眼，又建在高高的山坡上，摸索了很久才找到学校。30 多年前建造的校舍显得异常陈旧，老师的教育理念滞后，学生大多数是留守儿童。在这样的情况下，祝响响开始在城区和山区之间穿梭，每天早上 5：30 起床，安顿好家中孩子就匆匆赶往学校上班。如遇临时会议，一天时间内就要往返多次，来回 120 多公里。这几年的行程加起来有 6 万多公里，足足可以绕地球赤道一圈半。

檀溪中小地处偏远山区，温度通常要比城区低 4—5 摄氏度，冬天的最低温度甚至达到零下 11 摄氏度。如遇下雪天，更是存在较大的安全隐患。每逢有雪的日子，临时停课、班车停运、道路结冰等状况百出。祝响响都会提前一天驻守学校，夜里几次起来观察雪量，数次联系汽运中心了解班车停运消息，及时通知学生家长确保孩子上学安全，天蒙蒙亮就组织住校老师扫雪，努力守护住雪天里的平安。

没有任何模式可以借鉴，在一穷二白的情况下，"一校两区"改革能否成功？很多人都有这样的担忧。祝响响始终坚信："一所学校可以没有标准化跑道，但不可以没有带领孩子们奔跑的老师。"她和同行支教的 4 位老师一起带着孩子们像风一样奔跑，不怕那山高水长，努力探索"一校两区"新模式：第一次跨校区办公，第一次跨校区走教，第一次做"名师飞课"……这所全县最薄弱的山区学校通过"一校两区"管理模式的带动，一跃进入全县第一梯队。一位当地村民喜滋滋地说："再也不用担心挤破脑袋也进不了好学校，这不，好学校都办到我们家门口了！"听着是一句玩笑话，却道出了多少山区村民的心声。

如今，在习近平总书记关心下修建的山间公路旁，一所所乡村学校正激发出内生活力：每所学校都有标准化跑道、每间教室都安装了空调、每个星期都有"名师飞课"……如果说当年檀溪中小落后的办学条件，远远超出人们的想象，那么，如今城乡教育齐飞跃的良好局面，也远远超出了祝响响她们当时的预想。之前的种种担忧、种种阻力，化为了继续前行的动力，也更加坚定了促进城乡教育均衡的信念。

从东部到西部：选择一条充满泥泞的道路

2013年春天，应一个公益组织的邀请，祝响响奔赴贵州省支教。之后的10年间，从东部到西部，她选择了一条充满泥泞的道路。

临去支教之前，祝响响有各种联想，贵州的孩子会以怎样的方式和她相聚在课堂中。让她没想到的是，腼腆的微笑和无尽的沉默是他们迎接她的最好方式。他们的确是群爱学习、会思考的孩子，在课堂上经常能捕捉到思维的火花。可惜，在他们以往的课堂上，只能听见齐声回答的声音，他们甚至忘了独立思考、个体回答是什么样的。所以，当老师告诉他们，浙江的老师不喜欢集体回答，更喜欢个体回答时，他们左右为难，不知所措。思维的火花也在这一片沉默中黯然离去。这样的孩子，令人心疼！

幸好，他们只是一群孩子，是一群每天都尝试着改变的孩子，他们用扑闪的眼睛从支教老师身上，寻找着那种改变的力量。渐渐地，他们也尝试着举起犹豫的小手，尝试着红着脸表达自己的感受，尝试着主动邀请你去他们班上一节课，尝试着请你给她一个离别的拥抱……一切，都发生了改变。

2019 年 9 月，祝响响被评为全国优秀教师，并作为浙江省的获奖代表赴北京人民大会堂参加全国教育系统先进集体和先进个人表彰大会。凑巧的是，从北京领奖回程的高铁上，祝响响收到县教育局的通知，同意她以东西部扶贫协作挂职干部的身份奔赴四川省深度贫困县——乐山市金口河区。听到祝响响要去 2000 公里以外的贫困地区，身边的同事和朋友纷纷表示不理解："那个地方太苦，你的身体还没有恢复，算了吧！""你刚刚被评为全国优秀教师，而且已是全省最年轻的小学语文正高级教师，为什么还要去那么远的地方受苦？""家里还有上高中的女儿，你放得下心吗？"

听到这些善意的劝解，祝响响只是微微一笑。因为那个遥远的地方，有她之前做出的承诺。2018 年 10 月，祝响响作为浦江县教育局帮扶支教团的一员来到四川省乐山市金口河区开展为期一周的支教活动。因为来去匆匆，自觉能做的事太少。她随即和当地的领导、老师约定：只要有东西扶贫协作的名额，一定会再来金口河区。时隔一年，祝响响带着各级领导的殷殷嘱托，再次奔赴遥远的金口河区。

刚到金口河区，祝响响就在各个学校间奔波，马不停蹄地开展听课调研，逐一"把脉"，找到"病症"所在。为了切实改变当地老师的教学观念，祝响响自己上展示课"打样"，进行浸润式帮扶，手把手引领本地教师转变教育观念。

祝响响发现金口河区没有一家书店，老师和孩子们常常被书源所困。她第一时间联系浙江的朋友，一场"情牵北纬 29 度"的温暖之旅就此开启……历经 15 天，价值 2.8 万多元的 1500 多本崭新的课外书，跨越了 2000 多公里，从北纬 29 度这端的浦江来到了北纬 29 度那端的金口河。在冬日的暖阳中，祝响响郑重地将浙江叔叔阿姨的心意转达："孩子，虽然我们深处大山之中，但是依旧可以借助阅读的力量去看世界。脚步到达不了的地方，我们的眼睛可以到达；眼睛到达不了的地方，我们的心灵可以到达。"

支教期间，祝响响最深切的感受是只有为当地培养一支带不走的高水平教师队伍，才能让更多孩子受益。临行前，祝响响特意带上一套当时最为先进的多媒体设备，借助它搭建东西教育扶贫"云平台"，努力让教育共富路跑出加速度。支教期间，祝响响多次借助"云平台"执教示范课，发起"共读一本书，共研一节课""千里共研，浦金情牵"等研修活动，让相隔 2000 公里的东西部教师共享教育之美，同享云端之乐。金口河区永和镇第二小学的王联军校长不无感慨地说："响响老师，你的到来激发了孩子们求知的欲望，激发了老师们上好课的激情，也激发了我对教育的热爱！"

从金口河区支教回来后，祝响响依旧牵挂着那儿的老师和同学。2020 年年初共同战"疫"期间，祝响响率先开设云课堂，倡导浦金云端共抗疫。《响响老师的绘本课》让金口河区永和二小二年级的小朋友爱不释手；《响响老师的习作课》让金口河区鲤鱼浩小学和永胜小学的孩子们意犹未尽。以"东西部云端教育扶贫"为主题的报道，受到《四川日报》《浙江日报》等多家媒体的关注。

10 多年来，祝响响到全国各地支教、送教 130 多次，支教的足迹遍布新疆、西藏、福建等 10 多个地方。从一开始的抵触、担忧，到后来的欣然接受，老师们的理念正在发生着变化。很多老师纷纷诧异："原来我们这么落后的地方，也能拥有如此丰厚的教育资源。真是大开眼界！"转变教育理念，是最难的一件事。而支教老师所能做的，就是种下一颗改变的种子，期待它慢慢绽放。

从支教到扎根：为教育共富贡献绵薄之力

2021 年 5 月，习近平总书记和党中央交给了浙江高质量发展建设共同富裕示范区这一重大而崇高的任务，赋予了浙江为全国扎实推动共同富裕先行探路的光荣使命。祝响响更加明白了自己肩上的责任：支教不仅仅是一种朴素的教育情怀，更应该是一份教育共富的行动自觉。

于是，2021 年，祝响响又来到一所农村小学工作。在给孩子们上课的同时，她成立了浦江第一个乡村名师工作室。祝响响始终有一个朴素的愿望：从一个人到一群人，为共同的教育梦站好乡村讲台。很多人不理解："你已经获得了那么多荣誉，还多次放弃优越的工作环境去农村学校，到底是为了什么？"以前，祝响响不知道该怎么回答这个问题。但是从张桂梅老师的身上，祝响响似乎找到了答案。当张桂梅老师在筹集办学资金却被人们骂为"骗子"时，当与她一起合作的一大半老师因困难而纷纷提出辞职时，当 3 个女生半夜出逃不愿回校继续学习时……她都坚决挺了过来，坚持把近 2000 个孩子送出大山。在张桂梅老师身上，祝响响看到了一种对教育的执念。

　　作为这个伟大时代中的一名教育从业者，祝响响始终谨记习近平总书记的嘱托："全国广大教师用爱心和智慧阻断贫困代际传递，点亮万千乡村孩子的人生梦想，展现当代人民教师的高尚师德和责任担当。"如果说，千千万万的支教老师以自己的力量去支教，就像满天繁星。祝响响成立乡村名师工作室，就是要打造可以心手相传的火炬，我传给你，你传给他，让更多的乡村教师拥有先进的教育理念，进而去影响更多的乡村孩子。这才是实现教育共富真正的燎原之势。

　　祝响响一直有个疑惑：优秀的老师这么多，为什么她能入选全国"最美教师"？慢慢地，她找到了答案：这是属于所有乡村教师、支教教师的荣誉，而自己只是足够幸运，能够作为他们中的代表，获得这一份嘉奖。一位老师就是一抔泥土，他终将与无数抔泥土聚集在一起，成就一座山峰、一条山脉、一片群峰。这样的山峰，可

◎ 祝响响与支教地区的孩子一起享受阅读时光

能改变风的走向，可能决定水的流速。如今，祝响响依旧在农村小学，和她亲爱的孩子们在一起，每天感受他们给予的点滴惊喜。这，或许就是祝响响一直行走在促进城乡教育均衡之路上的意义所在。

教育部教师工作司供稿

多年扎根浦江农村获评全国
"最美教师" "响响老师" 必有回响

◎ 纪驭亚　薛文春

在第三十八个教师节到来之际，中宣部、教育部向全社会公开发布 2022 年"最美教师"先进事迹。全国共有 10 位教师入选，金华浦江县郑宅镇中心小学语文老师祝响响名列其中。

祝响响，作为浙江省万人计划教学名师、省特级教师，她已获全国"最美教师"、全国优秀教师，浙江省教书育人楷模、省春蚕奖等多项荣誉。从教 26 年间，她支教的足迹遍布全国十几个教育欠发达地区。8 年前，她主动申请从城区最优质的公办小学调任偏远山区学校，将全部精力倾注到山区孩子的身上。4 年时间，祝响响带领这所全县最薄弱的山区学校通过"一校两区"管理模式的带动，一跃进入全县第一梯队。

从初出茅庐的城区女教师到地地道道的山村女教师，再到东西部教育扶贫协作的支教老师，祝响响在不经意间走过了教育的"三重门"，用最初的心，走着"教育共富"这条最远的路。

优秀的老师这么多，为什么是我？当获评全国"最美教师"的消息传来时，这是祝响响的第一反应。

但其他知道这个消息的人却都说，理应是"响响老师"。

实际上，执教 26 年，"响响老师"早已成为浦江老百姓心中的师者形象代言人。教育生涯的前 16 年，她是浦江县城最优质公办小学里的副校长、语文名师。作为省万人计划教学名师，她在金华也小有名气。

但 2013 年，因为一次在贵州的支教经历，这些大山深处的学校成了响响老师的新牵挂。这个身形纤细、看似文文弱弱的城区女老师，骨子里有着乐于助人、率性又重情义的侠女风范。她放弃唾手可得的事业的黄金期，为自己往后的教学生涯选择了一条更难走的道路——支教。

贵州、四川、西藏、新疆……过去近 10 年里，她支教的足迹遍布全国十几个教育欠发达地区。她为偏远地区带去多位特级教师、省级名师，又化身"红娘"，让一批批偏远地区的小学语文老师来浙江参加了几十场语文专业培训。她奔波在四川省乐山市金口河区的各个山区学校，逐一"把脉"，手把手引领当地教师转变教育观念的同时，为一家书店都没有的金口河区的孩子们筹集了数千本课外书。

8 年前，祝响响主动申请成为一名地地道道的山村女教师，去的还是浦江最偏远的山区学校檀溪镇中心小学，成为浦江县"一校两区"办学模式改革第一个"吃螃蟹"的人。

面对"空降"来的城区年轻女校长，檀溪镇中心小学的老教师和家长们一开始并不买账。流水不争先，争的是滔滔不绝。虽然开局并不顺遂，祝响响却跟自己"杠"上了。她把自己全部精力倾注到山区孩子的身上。每天早上 5：30 起床，安顿好家中孩子就匆匆赶往近 40 公里外的学校上班，夜里常常 10 点之后才能回家。山区学校的学生多为留守儿童，让她挂念的孩子太多了。父亲判刑、母亲离家出走的陈小哥俩，最近有人在照顾吗？之前捐款治疗有所缓解的白血病孩子薛小朋友，能适应小学的生活吗？有多年厌学倾向，这学期刚转学的张同学，最近的情绪还稳定吗？……

檀溪镇中心小学由于地处偏远山区，冬天的最低温度达到零下11 摄氏度。每逢有雪的日子，她都会提前一天驻守学校，夜里几次起来观察雪量，了解班车停运消息，及时通知学生家长。住在学校边上 80 岁的周阿婆至今还记得这个文文弱弱的女校长，每次下雪天都会在天蒙蒙亮时就跟老师们一起在校门口扫雪。在祝响响城区和山区之间日复一日的穿梭中，檀溪镇中心小学也奔跑起来，不断变样。学校综合考核年年攀升，从全县 27 所小学的倒数第几名上升到全县第六名，成为当地城乡教育均衡的样板。

"响响老师"成了檀溪镇里的名人。学生们叫她"校长妈妈"，爱找她说心里话，老教师们也全力支持着"响响校长"的一项项改革举措，村民们更是说，浦江这是把最好的学校办到了自己家门口。

如今，她又主动卸任校长职务，申请到浦江县农村的郑宅镇中心小学当一名普普通通的乡村语文老师。她在努力发掘乡村孩子学习潜力的同时，还成立了浦江县第一个农村学校名师工作室，带领农村青年教师蓬勃成长。越来越多的人问她，你已经做到了教师这一行的极致，为何不回到城区，让自己过得轻松一些？她却说，自己认定了热爱的事就想要坚持到底。她愿意将自己全部的教学生涯都留给农村学校，为城乡义务教育的均衡发展贡献一束光的力量。

为什么是自己获得"最美教师"？祝响响说，这是属于所有乡村、支教老师的荣誉，而自己只是足够幸运，能够作为他们中的代表获得这一份嘉奖。德国哲学家雅斯贝尔斯说过：教育就是一棵树摇动一棵树，一朵云推动一朵云，一个灵魂唤醒另一个灵魂。自己就是诸多扎根在乡村的树中的其中一棵，云朵中的一朵，只有和大家在一起才能共同散发出光芒。

浙江新闻客户端 2022 年 9 月 9 日

全国"最美教师"祝响响：
我有一个朴素的愿望，
继续站好乡村讲台

◎ 叶　骏

"这次的北京之行，让我这样一个最基层的老师，真真切切地感受到了国家对教育的重视，对教师的关爱。这次表彰也让我更加坚定了自己的教育初心，我们每位教育工作者都要努力成为'大先生'。"

昨天，从北京返回浦江没几天的全国"最美教师"祝响响，在接受记者采访时，仍难掩内心的激动之情。

9月10日，第三十八个教师节，中宣部、教育部正式发布2022年"最美教师"先进事迹，并由央视一套直播。全国共有10位教师入选，金华市浦江县郑宅镇中心小学语文老师祝响响名列其中。这个集美貌与智慧、责任与奉献于一身的"响响老师"，被全国观众所知晓并赞赏。

43岁的祝老师，从教26年，身上有很多让人敬佩又羡慕的"光环"：全国"最美教师"、全国优秀教师、正高级教师、省特级教师、省教书育人楷模、省春蚕奖……她早已成为浦江当地的师者形象代言人。

2013 年开始，祝响响支教的足迹遍布全国十几个教育欠发达地区；她主动申请从浦江城区最优质的公办小学调任偏远薄弱的山区学校……她在不经意间走过了教育的"三重门"——做教育改革的先行者、教育均衡的领头雁、教育扶贫的践行者。她始终怀有一个最朴素的信念：用最初的心，走着"教育共富"这条最远的路。

回忆此次教师节的北京之行，祝响响从身边共同受表彰的同行们身上，再次汲取了无穷的力量。83 岁的"最美教师"熊有伦院士，四代制造人将"国之大者"代代相传，被称为培养院士的院士；教书育人楷模杨瑞清校长，41 年坚持传播陶行知先生的教育理念，在学生们心中种下了善良的种子；"最美教师"周荣方主张让思政课"行走起来"，讲述焦裕禄的事迹几度哽咽，不仅让现场的学生感动，

◎ 祝响响为支教地区的老师上示范课

更是感动了亿万网友。

"带着对教育根本问题的思考，从这些优秀老师的身上，我似乎慢慢找到了答案，开始明白'教师要成为大先生'这个话题的分量。"教育部相关领导在"最美教师"节目录制现场，曾拱手作揖，恳切地说："各位先生，请坐！"祝响响说，这让人备感温暖与敬重，又瞬间感觉肩头沉甸甸的。

说起自己义无反顾的支教旅程，祝响响提到了北京师范大学大二学生熊国锦，他的家乡贵州省黔东南苗族侗族自治州岑巩县，曾经是深度贫困地区。他上小学的时候，也正是祝响响去贵州支教的那几年，她对当地山区教育的艰苦落后历历在目。2021 年，熊国锦报考了中西部欠发达地区定向就业师范生，教师节前夕，习近平总书记在给北京师范大学"优师计划"师范生的回信中，提到"毕业后到祖国和人民最需要的地方去"。这句话不仅是在勉励即将成为教师的年轻人，也在激励着每一位教育工作者。

一代人有一代人的长征，一代人有一代人的担当。2022 年表彰的最美教师团队是高校银龄教师团队，459 名高校退休老教师为西部地区 10 所高校、236 个专业、679 门课程到岗教学，为西部高等教育振兴发展贡献力量。

祝响响说："习近平总书记的嘱托，让我愈发明白了自己肩上的责任，熊国锦同学的蜕变，银龄教师团队的坚守，支教不仅仅是一种朴素的教育情怀，更应该是一份推动城乡教育均衡发展的行动自觉。我和银龄教师谈得最多一句话就是：'我，想成为你们！'"

转变教育理念是最难的一件事，而支教老师所能做的，就是播下一颗改变的种子，期待它慢慢绽放。

9月9日那天，应央视新闻频道记者的拍摄要求，祝响响让名师工作室的老师，又给四川金口河区的师生开设了一节云课堂。从一开始的抵触、担忧，到后来的欣然接受，她看到西部老师们的理念正在发生着变化。金口河区的老师纷纷诧异："原来我们金口河教育人，也能拥有如此丰厚的教育资源，真是大开眼界！"

在北京期间，祝响响还参加了多项教育部组织的相关活动，像聆听国家教育咨询委员会委员郭传杰教授主讲的《科学教育的三个基本问题》，到国家歌舞剧院观看根据张桂梅事迹改编的音乐剧《绽放》等。在张桂梅老师身上，祝响响看到了一种执念，"人生总要有一种执念，去对得起岁月"。

教师工作司相关负责人说："我认真读了你的发言材料，写得很好。你是推行'一校两区'管理模式的第一人，这么执着地去做这件事，真的不容易！"祝响响到浦江县檀溪镇中心小学工作时，常常和农村老师说："一所学校可以没有标准化跑道，但不可以没有带领孩子们奔跑的老师。跑起来，才是我们唯一的出路。"就是凭着这样的执念，"一校两区"改革有了很多的"第一次"，让城区名校与薄弱学校组建教育集团办学模式生根开花。

去的山区学校、农村学校多了，祝响响有一个朴素的愿望：继续站好乡村讲台。从北京回来的路上，她一直在想："我要在更多的乡村学校成立名师工作室，从一个人到一群人，不断探索乡村教师专业发展的新路径，为共同的教育梦站好乡村讲台。"

金华新闻客户端 2022 年 9 月 15 日

最美 2022 教师

管延伟

做一个有教育理想的奉献者

2021 年 4 月 21 日，一段"青岛教师上演'教科书式'海姆立克急救"的视频，在朋友圈广泛转发，并相继在青岛电视台、山东教育电视台、齐鲁电视台、山东电视台、大众日报、中国青年网、人民资讯等各大媒体播出，管延伟这个名字，以一种令人钦佩的姿态迅速地走进大众视野。

一起突发的意外事件，一次面对危急挺身而出的现场急救，作为一个生活中的平凡人，青岛西海岸新区积米崖中心幼儿园的管延伟是如何做到没有犹豫、沉着应对的？作为一个众人眼中的"身边英雄"，管延伟在幼儿园同事及孩子们眼里又是什么样的形象？从日常工作和生活的镜头碎片中走近管延伟，感受他身上那种奉献至上、大爱无疆的师者风采，忽然就理解了习近平总书记说过的一段话："伟大出自平凡，平凡造就伟大。只要有坚定的理想信念、不懈的奋斗精神，脚踏实地把每件平凡的事做好，一切平凡的人都可以获得不平凡的人生，一切平凡的工作都可以创造不平凡的成就。"

从教初心：将奉献写在生命的旗帜上

20岁，管延伟从学校毕业，选择从教。他写下了自己的职业选择誓词："一个优秀的教师不能把教书看成谋生的手段，而是要毫无私心地投身教育事业中，以教书育人为崇高的职责，并从中享受人生的乐趣，以自身的真诚去换取学生的真诚，以自身的正直去构筑学生的正直，以自身的纯洁去塑造学生的纯洁，以自身的高尚去培养学生的高尚。我愿以'将奉献写在生命的旗帜上'为座右铭，去实现我自己的选择。"

2002年，管延伟在朋友聚会时听说了一件事："你知道吗？灵山岛上教师紧缺，只能用签订3年海岛支教合同的办法，但依旧是没有人愿意去。"灵山岛，孤悬于黄海之中，仅靠一艘客船"灵山号"往来于积米崖，且常因周围海域多雾多风浪的恶劣天气而停航。生活的艰苦，交通的不便，令许多人望而却步。没有老师去，岛上孩子们的学习怎么办？听着朋友们的议论，管延伟动了心："我要去灵山岛支教！"这话一出口，亲朋好友就炸了锅："你所在的乡镇小学，就在城区附近，各方面条件都比较优越，放弃太可惜了。"父母也是百般不放心："虽然你是男孩，不怕吃苦，可你一走，家里怎么办？"

"到艰苦的地方去，用青春在生命的画卷上绘出最绚丽的色彩，在教育的岗位上写下最灿烂的诗句。我要用我的实际行动，践行我的教育初心。"管延伟说服父母，于2002年暑假，亲自到积米崖港区表达了以实际行动描绘海岛教育蓝图的决心："我渴望成为学生眼里的百科全书，成为学生心中鲜红的太阳；我希望能和岛上的孩子们一起，自豪地沐浴人间最温暖的春风和雨露，体验世上最珍贵的情谊和友爱。"带着坚定的信念，去实现自己的教育初心，管延伟自愿放弃了3年支教合同的签订，义无反顾地踏上了灵山岛，在岛上一待就是6年。

要适应海岛上的生活，管延伟必须过三关——缺水、停电和湿寒。岛上淡水资源匮乏，几乎全靠积蓄的雨水生活，学校有一口水井，因为不舍得多用水，常年都锁着井盖。雨水多的季节，管延伟和同事就打开盖子，用绳子拴住水桶从深井里打水。遇上旱季，便是"滴水贵如油"，洗澡成为一种难得的奢侈。遇到海底电缆出现故障，岛上就会停电，情况严重时，就得坚持一个月左右的"纯自然生活"，只能靠蜡烛点亮小岛的夜晚。冬天，海岛上特别冷，煤炉子取暖，是孩子们在教室上课的必要保障。管延伟和他的同事们，每天都会早早地在教室里烧起煤炉，将教室烤得暖暖的，等待孩子们的到来。而一个冬天所用的煤炭，都是由管延伟和同事们亲手从船上卸到码头，再一点点从码头装车拉到学校煤库。最让同事们感动的是，学校教职工宿舍勉强能放4张床，管延伟主动选择了靠近门口的床，冬天的晚上，必须戴着帽子才能入睡。

最令管延伟印象深刻的一件事，是有一次回家看望父母，准备回岛那天，刮起了大风，"灵山号"停航了。站在码头的管延伟，焦虑不安，不断张望着，期待风小一些，"灵山号"能恢复运行。眼看着风势丝毫没有减弱的样子，码头上的人渐渐离去，唯有管延伟依旧在那里踌躇。船长劝他："快回家吧，今天通不了船。"回不了岛，孩子们上课怎么办？管延伟心有挂念，久久不肯离去："只要有一丝可能，我也要想办法回到灵山岛。"见管延伟如此，码头上的人告诉他，有一艘货船正在装货，准备去灵山岛。管延伟一听，迅速跑过去，软磨硬泡，央求船长载他回岛。船长拗不过，勉强同意了他的请求。小货船比不上客船舒适，再加上风浪太大，管延伟回到岛上的时候，衣服都被打湿了，一场重感冒不期而至，引发了高烧。为了不耽误孩子们的学习，管延伟嘶哑着嗓子，坚持为孩子们上课。而第二天，当管延伟走进教室，看到讲台的金嗓子喉宝、两个红红的大苹果、学生手绘的祝福贺卡时，他的眼睛一下子就湿润了："孩子们给我的爱，远比我付出的多！"那一刻，海岛上的苦和累，都化作了心头的甜蜜："看着淳朴懂事的孩子们，值了！"

而最让管延伟感觉愧疚的，是他的爱人。2007 年，管延伟的爱人怀孕。都说孕期的女人最需要丈夫的关爱，但因为海岛交通不便，直到爱人分娩，他都没能在身边陪伴太多。孩子出生那天，恰逢海上大风，"灵山号"不通航，得知爱人产前破羊水，却无法赶到她身边。晚上 11 点多，在同事的帮助下，才把管延伟的爱人送到医院，剖宫产下孩子。第二天，当管延伟匆匆赶到医院，见到剖宫产后身体虚弱的爱人，以及因为奶水不足饿得直哭的女儿，他再也止不住自己的眼泪，没能陪伴爱人分娩，成了管延伟心中永远的痛。

生活中，总免不了有不一样的声音。管延伟长期在海岛工作，家里全都扔给了父母和爱人，偶尔回家想要抱抱女儿，女儿却大哭不止，因为孩子长时间见不到爸爸的面，不认得这个"陌生人"。邻居们说话了："自己的孩子都管不过来了，还管别人家的孩子干吗呢？"是做一个好父亲，还是做一个好教师？似乎，一下子很难找到平衡。管延伟心中也有困惑。但一位老领导的话，又一次让管延伟坚定了信念："疼爱自己的孩子是本能，而热爱别人的孩子是神圣！"是啊，生活和工作在某些时候是无法两全的，关键就在于自己内心的选择。但生活和工作在本质上是紧密相连的，爱是做好"教师"和"父亲"这两个角色最重要的基础。教师对学生的爱，从本质上说是一种只讲付出不求回报、无私的、没有血缘关系的爱，是一种神圣纯真、严慈相济的爱。若能以一颗父母的心去教育学生，去爱护学生，便会让自己在学生和孩子之间获得双赢。管延伟有种顿悟的感觉：身为老师，无意间的一个眼神，一个动作，一句话，都可能会改变一个孩子的性格，进而影响他的一生。把父爱融入到工作之中，才能获得终身享受不尽的职业幸福感！

管延伟一上岛，就担任了六年级的班主任工作。自此之后，他担任语文、数学、科学、体育等多个学科的教学。衣食住行，全靠自己；教书育人，全凭初心。尽管岛上条件艰苦，但并没有因此而磨灭管延伟扎根灵山岛的决心，他一点点摸索着各科教学的经验，一点点克服着生活中不断出现的困难。他带领孩子们读书、写字、唱歌、打篮球，让孩子们的学习生活变得快乐且富有情趣。除了用心教授每一节课，他还经常和孩子们坐在一起探讨岛外的世界，鼓励孩子们好好学习，将来走出海岛，见识外面更加精彩的世界。尽管岛上学生数量不多，但每年六一儿童节，他都会隆重地给孩子们排练节目，精心营造节日气氛。2003 年，他带领孩子们排练舞蹈《天竺少女》，每一个动作、每一个队形，他都亲身示范，手把手指导，孩子们从最初的扭扭捏捏、动作不规范，到最后动作舒展熟练，《天竺少女》成为学校当年最精彩的节目，村民们从各个村落聚集到学校观看，好评如潮，他也成为最受孩子们欢迎的"全能老师"。

管延伟还成为海岛师生和驻岛部队的友谊桥梁。每年的八一建军节他都会和孩子们一起参加岛上的"军民共建"活动，感受军民团结一家亲的情谊。他还自告奋勇接手了学校鼓号队的管理，积极进行整编排练，鼓号队演奏水平不断提升。每年的迎新兵、送老兵活动中，他带领着孩子们用庄严的鼓号演奏表达礼敬之情，在孩子们心中播下了报效国家、为国尽忠的理想火种。

6年的海岛历练，让管延伟日渐成熟，对待工作更加认真细心，对待孩子更加呵护关心，对待生活更加乐观热心，用管延伟的话说："我热恋着这片海岛，这是我的第二故乡。"有孩子们陪伴的海岛生活，成为管延伟心中最温暖的记忆。

牢记誓言：把信仰刻在生命的骨血里

大一班的一次安全教育课后，搭建区的孩子们兴奋地喊着："园长爸爸，快来看，我们的消防车搭建问题终于解决了！"

"可能是我'稀有的存在'吧，每次走到孩子中间，他们都会异常兴奋，我也经常以独特的视角关注着他们的一举一动，有时候他们遇到困难了，我就'多句嘴''搭把手'，给予他们有效的帮助和指导，鼓励他们勇于挑战，不怕失败，让他们积极地去完成自己的任务。"管延伟自豪地说起和孩子们之间的故事。

而在14年前，他无论如何也想不到，自己会与"男幼师"这一称呼联系在一起。2008年，管延伟再一次面临挑战，因为工作需要，他被组织调到积米崖中心幼儿园，成为一名男幼儿教师。

"一个大男人在幼儿园能干什么呢？"面对截然不同的环境和岗

位，面对眼前吵吵闹闹的一群"小不点儿"，管延伟感觉以往的教学经验似乎全部失效了，不会组织幼儿活动的他感到非常迷茫，那段时间，经历了彷徨、怀疑，也曾想过放弃。但是灵山岛上的从教经历，磨练了他面对困难绝不认输的韧劲——接受挑战才能快速成长。下定决心后，他开始通过自学、请教、外出培训等途径努力提高自己的专业素养，并静下心来认真观察研究这群闯入他生命中的小可爱。

随着时间的推移，他慢慢发现，这群孩子就跟自己的女儿一样，特别喜欢和他一起游戏，搭建区、科探室、木工坊都能看到他们忙碌的身影。尤其是户外活动，也许是因为男老师有力的臂膀，孩子们更愿意信任他，安全感更强。

"园长爸爸，你快跟我来！"户外爬梯活动时，小雨拉着管延伟的手一路把他拽到搭梯旁，然后小雨勇敢地爬上搭梯，自信地从这头走到那头，最后大胆地跳到了地垫上。"看着她得意的表情，我当时吃了一惊！"刚刚还只能在搭梯上蹲着行走的她，在管延伟的鼓励和引导下，经过自己的努力和反复尝试，顺利完成了搭梯平衡走的任务。孩子们潜力无限，有老师的注视和鼓励，他们就更自信、更大胆、更勇敢，完成动作后的骄傲也都写满他们稚嫩的脸庞，这里面包含了太多的信任和期待。管延伟感慨地说："只要在他们身上动点'小心思'，鼓励他们去大胆尝试，给予孩子们探索世界的勇气，那么他们一定会收获童年中不一样的精彩。"

很快，管延伟就发现，孩子们天真无邪的笑容和对自己满满的信任与爱，彻底治愈了他的焦虑和彷徨，他对工作的信心与热爱也日渐增强。户外游戏区，几个小男孩在玩"打宝"的游戏时遇到了困难，怎么也不能将宝打翻过来。管延伟发现后心中一阵窃喜："这可是我童年时最爱玩的游戏，这点小问题必定手到擒来。"在征得孩子们的同意后他也加入了游戏，和孩子们一边玩，一边研究策略，虽然经历过几次失败，但是在管延伟的坚持和鼓励下，孩子们成功了！看着他们佩服的小眼神，管延伟心中也是满满的幸福感。相处的日子久了，管延伟发现他喜欢他们每一个人。朝夕相处中，他的心也与一颗颗璀璨的童心连在了一起："只有庆幸！这份不解之缘，是岁月赠予我的一份大礼！"

2015 年 10 月，幼儿园的一个小朋友得了白血病，进行骨髓移植手术，需要大笔医疗费。管延伟知道了，第一时间向幼儿园领导汇报，在呼吁幼儿园师生家长为其进行爱心捐助的同时，他力所能及地在亲朋好友之间广泛发动，并向有关机构捐出自己的书法作品进行爱心义卖。筹得的每一笔捐款，管延伟都仔细记录并公示。通过几天的宣传，管延伟筹得爱心款 2.3 万多元，送到了孩子家长手中。"管老师，你真是一个名副其实的热心肠，雪中送炭，我们永远会记得大家的这份情义！"

"每一个人，都需要有一点奉献精神。幼儿园的孩子们，也需要体验奉献爱心的快乐。他们会在这件事情中懂得生命的珍贵，学会团结和互助，理解'人间自有真情在'。"管延伟尽其所能地帮助需要帮助的人，用自己的行动诠释着他对"奉献"这两个字的理解，诠释着他将奉献写在生命的旗帜上的誓言，为那些把他看作"老师爸爸"的孩子树立起人生目标和行为标杆。

"认真是你的工作态度，有求必应是你的一贯作风，遇到困难找到你，得到的是一份踏实。面对繁杂的工作，你能够勇挑重担，不辞辛苦，默默付出，为我们解决了一个又一个难题，感谢有你，有请有求必应奖的获得者：管园长。"

这是青岛西海岸新区积米崖中心幼儿园的老师们集体颁给管延伟的一份大奖，这段颁奖词，让他幸福得流下了眼泪。

回忆起 2022 年元旦晚会上的这份惊喜——一个精美的专属定制版小金人奖杯，一份"有求必应奖"，至今让管延伟激动不已，幸福之情溢于言表。

不管是幼儿园的事情，班级的事情，还是个别孩子的事情，老师们都愿意向管延伟求助。

"有困难，找管老师！""管老师是我们大家的'暖男'，有问题，有求必应！"这是来自同事们的评价。

"从教育教学管理到安全卫生工作，老师们遇到难题都愿意找我帮忙解决。"管延伟说，每天他都会习惯性地到每个班级去转一转，每个孩子都认识他，他们遇到什么问题，或者是因为一些小事闹小脾气，他也会帮着一起解决。"久而久之，大家就说，有困难找管老师肯定行，我也就成了大家有求必应的'专家'了。"

在孩子们面前担当"爸爸"的责任，在同事们面前承担"男人"的本分，管延伟做到了。

凡人壮举：把大爱刻在每一天的平凡时光里

2021 年 4 月 21 日这一天，管延伟成为人们的"身边英雄"。山东广播电视台在采访报道中给出了这样的评价："危急时刻，你沉着冷静帮他人成功脱险，你见义勇为的身影，留在了大家的记忆里，也刻在了大家的心中。在平凡中见证伟大，你的精神在这个时代闪闪发光。"

管延伟却认为，他的这次见义勇为，只是做了一件举手之劳的事情："在那样的场景下，我不能眼睁睁地看着一个生命就这样结束，我必须全力以赴去帮助她。我相信，遇到这样的情形，很多人都不会袖手旁观，这是每个人的本能反应。我觉得，我们每个人都是一位'藏起来的英雄'，总有一天，你会站出来成为我们大家的英雄，去帮助那个需要你帮助的人。"那是怎样的惊魂一刻？管延伟经历了怎样的紧急救援考验？跟随监控视频的镜头，回顾那一天中午的救援细节，或许就能从中发现管延伟的与众不同之处。

事情发生的时候，一切都很平常，快餐店里有三三两两就餐的人，管延伟在小店的一侧就餐，周围不时有谈笑之声。"快来帮帮她！"一个突兀的声音猛然响起，直刺人的耳膜，让人一惊。管延伟猛然回头，有一道惊慌的女声再次袭来："我也不会啊，赶紧打120吧。"管延伟发现，就在后面的餐桌旁，一个女孩浑身抽搐，表情痛苦，正处于一种意识模糊状态。而她身边的人，则是手足无措，慌乱地喊："快打120！"可能是气管异物窒息！敏感的管延伟迅速做出判断，同时疾步走过去："什么情况？"快餐店的服务员也很慌乱："刚才他们边说笑边吃，突然就这样了！"管延伟更加确认最初的判断——气管异物窒息，救护的黄金时间只有三四分钟，如果等120来，一切就晚了！要立刻施行海姆立克应急救援法！管延伟从背后一把抱起女孩，攥紧右拳顶住女孩上腹部，再左手抱住右拳，使劲向上冲击。可是，连续做了几次以后，女孩仍旧呼吸困难。是操作姿势不对吗？还是用力不够？管延伟有些慌张起来，眼前的女孩

◎ 管延伟与孩子们探讨游戏

命悬一线，"稳住，不能慌！"他稳定心神，深吸一口气，重新调整姿势，再次反复用力向上冲击。那一刻，四周的一切都似乎凝滞了，周围的人，满脸紧张地憋着一口气，紧盯着管延伟的动作，期待着。终于，一块骨头从女孩的喉咙里吐了出来！处于极度痛苦和害怕之中的女孩，脸色苍白，手足无力，大口地喘着气，管延伟扶着女孩胳膊，轻轻地拍着她的背，把她交给她的朋友："注意观察一下，看还有没有其他问题。"

所有的人都松了一口气，快餐店里又恢复了平常的样子。唯有回到座位继续用餐的管延伟，发现自己心跳加速，拿筷子的手不由自主地颤抖着，很久才平静下来。他庆幸自己很认真地学过应急救护，庆幸自己当时没有丝毫犹豫，内心只有一个念头，那就是施救。

管延伟从一个小学教师华丽转身，成为幼儿园里最受孩子们欢迎的"老师爸爸"。在幼教岗位上辛勤耕耘的 15 年，管延伟从幼儿园教育教学工作到安全卫生管理，实践着"做一件事就做好一件事，直至把这件事做完美"的教育理念。参加青岛西海岸新区教育和体育局组织的安全应急培训，他不满足于仅仅完成培训任务，而是不断努力，于2020年成为中国应急管理学会认可的紧急救援员。这应该就是管延伟在危急时刻毫不犹豫、快速反应的底气。这底气，来自管延伟对自身能力的不断追求，来自管延伟内心的奉献精神和"做有教育理想的奉献者"的信仰追求。

对幼儿有了深入的了解后，管延伟发现大部分幼儿的生命安全意识不强，于是这些年他一直致力于幼儿的安全教育工作，一丝一毫都不敢松懈。每当参加完各种安全教育讲座和应急救护培训，他就会将学到的知识和技能教给孩子们。后来，管延伟在走廊巡逻时，发现一个小朋友指着应急逃生指示灯跟其他人说：发生火灾时按照这个箭头就能找到安全出口。这一刻，他觉得日常的安全教育化作了点滴的积累，孩子们的安全意识更强了。

心中有爱，不惧艰苦；甘于奉献，义无反顾；胸怀理想，自带光芒。管延伟，一个在教育园地中默默耕耘的普通教师，用自己日常生活中踏出的每一步，向世人展现了奉献至上、大爱无疆的师者风采，也让大家看到了社会主义新时代"四有"好老师的精神风貌，让身边的人感受到了一个教育者身上的社会主义核心价值观，更让人从他身上获得了坚定信仰、踏实前行的力量。

师者，润心无声，启智有道；头顶星空，心载万物。管延伟，坚守着他当年写下的誓言，坚守着他内心的那份执着，坚守着他的信仰和初心，在每一天的平凡生活中，写就了人生的不平凡。从教22年，管延伟迈出的每一步，都以实践他的教育理想为目标；管延伟做过的每件事，都以"奉献"二字为己任。"将自己的一生献给太阳底下最光辉的事业，将自己的一片痴情献给自己深爱着的孩子，这是我无怨无悔的选择！是我一生中最大的幸福和自豪！"已是不惑之年的他，依旧用一个青年人的标准要求着自己，"做一个有教育理想的奉献者，将一生奉献给教育事业，我的路还很长……"

教育部教师工作司供稿

管延伟：百"花"园中的最强"他"力量

◎ 张桂玲

"园长爸爸，快来看，我搭的积木怎么样？""瞧，园长爸爸，我把这个'引黄工程'的难题解决啦！"在青岛西海岸新区积米崖中心幼儿园，每到户外活动时间，都会有一大群孩子围在一位阳光帅气的"男幼师"身旁，叽叽喳喳，热闹非凡。

在孩子们的簇拥下，这位男幼师时刻关注着他们的一举一动，一会儿回应着这个孩子的问题，一会儿给那个孩子在游戏中"搭把手"，忙得不亦乐乎。

这位男幼师，就是管延伟。

作为幼儿园里唯一的男幼师，他既是同事们眼中"帅气而阳光、温暖且有活力"的"稀有存在"，也是孩子们心中可亲可爱的"园长爸爸"。

而在14年前，管延伟却怎么也没想到，自己会与"男幼师"这一称呼联系在一起。

一次偶然的转身

2001 年，是管延伟教育生涯中难忘的一年。

因为了解到灵山岛极度缺教师，一向充满爱心的管延伟就有了想去支教的冲动。

"当时，岛上的教育设施条件远没有现在完善，淡水资源匮乏，冬天还特别冷，但一想到那里的孩子在这么艰苦的环境里生活，更需要好的教育，我就感到仿佛有一个声音在呼唤我……"管延伟说，其实当时的想法很简单，就是觉得那里的孩子更需要自己。

没想到，在那里，他一干就是 6 年。克服交通、生活、家庭等方面的压力，承担着班主任和语文、数学、科学、音乐、体育等多个学科的教学任务，他成了岛上"精通十八般武艺"的"全能教师"。

这段经历让管延伟深刻体会到，当一个人一旦有了发自内心的爱，眼前的一切困难将不再是困难。

2008 年，一个更大的"没想到"让管延伟迎来了自己职业生涯中又一次转身——由于工作需要，他跨学段转岗到积米崖中心幼儿园工作，成了一名稀缺的"男幼师"。

"一个大男人在幼儿园能干什么呢？"从小学到幼儿园，面对截然不同的环境和岗位，面对眼前一群吵吵闹闹的"小不点儿"，管延伟陷入了迷茫。"尴尬、彷徨、不会教课、无从下手……"是他当时的真实写照。

怎么办？

随着时间的推移，管延伟慢慢发现，"物以稀为贵"，孩子们竟然特别喜欢和他一起做游戏、探讨问题。特别是在搭建、益智区域，还有园里的木工坊、科探室，他身为男教师的专长就凸显出来了。

"原来，在这些方面，我能给孩子们更多合理化的建议和指导！"

在户外体育锻炼时段，对于高难度的器械，胆怯的孩子难免会退缩，管延伟就会以身示范鼓励他们。"也许是因为男老师有力的臂膀，让孩子们更愿意信任我，安全感更强。"管延伟说。孩子们在他的"怂恿"下似乎比以前更具有了愿意冒险、迎接挑战的精神。

要跟孩子们建立"亲密关系"，管延伟注重从自己女儿那里总结经验，用一颗"爸爸"的心，照顾孩子们的生活，和孩子们一起玩游戏，回答孩子们天马行空的问题。

很快，管延伟就发现，来自孩子们天真无邪的笑容，和对自己满满的信任与爱，彻底治愈了他的焦虑和彷徨，也让他找到了自己存在的价值——朝夕相处中，他的心也与一颗颗璀璨的童心连在了一起："只有庆幸！这份不解之缘，是岁月赠予我的一份大礼！"

一段幸福的长路

2021年4月21日，一家快餐店的视频监控记录下了管延伟在危急时刻用海姆立克急救法果断施救的一幕——这场"教科书式"施救场景，一时间被传为美谈，让他成了大家心目中的"身边英雄"。

被誉为"英雄"的管延伟却觉得这事儿再平常不过。跟全区其他教师一样参加青岛西海岸新区教体局组织的安全应急培训，他却不满足于仅仅完成培训任务，而是学不好绝不罢休。2020 年，他凭借出色的表现，成为中国应急管理学会认可的紧急救援员——这也是他在危急时刻毫不犹豫、快速反应的底气。

"其实，那件事我只是出于本能，做了一件举手之劳的事情而已。"管延伟认为，不过，通过这件事让他更加深刻地认识到，一定要把自己在安全培训中学到的知识和技能传授给更多的教师、孩子和家长，增强大家的安全防范意识，遇到危险时能够第一时间化险为夷。

2015 年 10 月，幼儿园的一名幼儿突患白血病，骨髓移植手术需要大笔医疗费。他不仅积极捐出自己的书法作品进行爱心义卖，而且第一时间向幼儿园领导汇报并发起了捐款活动。仅几天，就筹得爱心款 2.3 万多元，孩子的家长感动得直落泪。

安全至上，生命第一。的确，每个孩子都是一个家庭的全部——生命安全，再怎么强调和重视都不为过。

"我觉得这份工作很有意义，我会坚持下去。"秉持这一信念，管延伟在孩子们的户外活动和心理健康教育上动起了脑筋。

每天，管延伟都会戴着袖标在校门口执勤。不仅是为孩子们的安全护航，如果发现个别孩子有小情绪了、不开心了，他都会主动去和其沟通一下、关心一下、鼓励一下。有时候，一个温暖的拥抱就让一个孩子脸上顷刻间"雨转晴"，是管延伟最开心的事情。

他还发现，当下，孩子们的身体素质普遍较差，跟活动时间、活动量和活动强度等不足有着很大的关系。虽然要求每天保证至少两个小时的户外活动时间，但在现实中很多幼儿园都做得远远不够。

"孩子在运动完了之后，刚刚能微微出汗，这个强度就差不多；如果大汗淋漓，就说明强度太大，这也不行。"管延伟认为，要做什么样的游戏，就要提前对每个孩子的身体素质进行全面摸排，量身定制。只有这样，才能真正有利于孩子们的健康。

"相处的日子越久，我就越是发现，我喜欢他们每一个，每一个我都喜欢！"对于管延伟来说，这是一段幸福的长路。14 年来，他没有走倦；未来，也走不倦。

一份特别的"大奖"

"有求必应奖：认真是你的工作态度，有求必应是你的一贯作风，遇到困难找到你，得到的是一份踏实。面对繁杂的工作，你能够勇挑重担，不辞辛苦，默默付出，为我们解决了一个又一个难题，感谢有你。有请'有求必应'奖的获得者：管园长。"

这是青岛西海岸新区积米崖中心幼儿园的教师们集体颁给管延伟的一份大奖。这段颁奖词，让他幸福得流下了眼泪。

回忆起 2022 年元旦晚会上的这份惊喜——一个精美的专属定制版小金人奖杯、一份"有求必应奖"，至今让管延伟激动不已，幸福之情溢于言表。

不管是幼儿园的事情、班级的事情，还是个别孩子的事情，教师们都愿意向管延伟求助。

"有困难，找管老师！""管老师是我们大家的'暖男'，有问题，有求必应！"这是来自同事们的评价。

"从教育教学管理到安全卫生工作，老师们遇到难题都愿意找我帮忙解决。"管延伟说。他每天都会习惯性地去每个班级转一转,每个孩子都认识他。他们遇到什么问题,或者是因为一些小事闹小脾气,他也会帮着一起解决。"久而久之,大家就说,有困难找管老师肯定行!我也就成为大家有求必应的'专家'了。"管延伟说。

幼儿园阶段的小孩子,最大的特点就是喜欢模仿。教师的一举一动,一个细微的动作,一句不经意的话,包括你对身边人和事的态度,很快就被他们学了去。随着幼教工作经验的日益丰富,管延伟也更加清楚地看到了自己作为一名男教师的优势——在普遍被女性包围的幼儿教育环境中,男教师要注重展现阳刚、坚强等"男性角色"的普遍特点,要放手让孩子们学会正确面对失败、挫折,摔倒了自己站起来,有了冲突学会自己去处理,管延伟就这样潜移默化地影响着一批又一批幼儿。

《山东教育报》2022 年 9 月 10 日

有光的地方，就有人在学习！
他甘愿做那束光

◎ 崔 璞

"有光的地方，就有人在学习。"管延伟甘愿做那束光。这是他成为 2022 全国"最美教师"的密码。管延伟现在是山东省青岛西海岸新区积米崖中心幼儿园的一名教师，同时担任副园长。在第三十八个教师节到来之际，中宣部、教育部联合公布了 2022"最美教师"名单，他成为山东唯一入选者，全国共有 10 名。

园长爸爸，幼儿园里的阳刚

牢记誓言，将信仰刻在生命的骨血里。

"每年都会有 100 多名孩子新入园来，家长们信任我们，我们更要细心呵护孩子们成长。"2008 年，因为工作需要，管延伟被组织调到积米崖中心幼儿园，成为一名男幼师。他再一次面临挑战：幼儿园里"清一色"的女同事，男幼师的特殊身份让他走到哪里都是形单影只；还有一群经常哭闹甚至会尿裤子的孩子，让习惯了教小学生的他手足无措。

面对困难，管延伟有着绝不认输的韧劲。好学的他一头扎进书堆里，用心钻研各类幼教知识，细心向同事们学习请教，很快便厘清了小学到幼儿园跨学段教学的种种差异：小学重视完成各科教学大纲，教师与儿童的交往主要在课堂上，对孩子的生活照顾很少；幼儿园则强调保教并重，需要全方位管理幼儿的生活与学习。管延伟意识到了幼儿园和小学在学习任务、学习方式、学习要求上的不同，也意识到了家长、孩子、同事对他的特别期待，他暗下决心——作为男教师，要给幼儿园带来不一样的阳刚气息！

要和孩子们形成亲密关系，管延伟从女儿那里总结经验，用一颗"爸爸"的心，照顾孩子们的生活，和孩子们一起玩游戏，回答孩子们天马行空的问题。

"每天放学的时候他在门口接送我们。""他跟我们一起踢足球，给我们上安全课，还跟我们一起户外活动。"幼儿园的孩子们都成了他的"小粉丝"。

在孩子们面前担当"爸爸"的责任，在同事们面前承担"男人"的本分，在教学中体现刚毅、果敢等风采，努力让家长、孩子以及同事们看到他的用心和付出，从心底里享受幼教职业的幸福感。他用细致的工作风格，赢得了孩子们的信任，不管走到哪里，都有一群小小的追随者，有他在，孩子们玩游戏总是特别投入。

管延伟用自己的行动，改变了人们心中"男人做幼儿教师没出息"的认知。刚刚转岗进入幼儿园的那一段时间，管延伟遭遇到的几乎都是"嫌弃"和"质疑"的目光。幼儿教师都是会唱歌跳舞、擅长画画弹琴的，他能胜任幼儿园的日常教学工作吗？一个男人，待在女人和孩子堆里，成天和孩子们的吃喝拉撒打交道，会有什么出息？但没多久，身边人看管延伟的目光就变了：别看他是个男的，对孩子可细心了！孩子们都特别喜欢黏着他！管老师写的字真好看，听说他还得过书法奖呢！学生和家长的信任成为他坚守幼教事业的强大后盾和动力源泉。

2015 年 10 月，幼儿园的一个小朋友突患白血病，骨髓移植手术需要大笔医疗费。管延伟第一时间向幼儿园领导汇报，在呼吁幼儿园师生家长为其进行爱心捐助的同时，他在自己亲朋好友间广泛发动，并向有关机构捐出自己的书法作品进行爱心义卖。筹得的每一笔捐款，管延伟都仔细记录并公示。通过几天的宣传和筹集，管延伟筹得爱心款 2.3 万多元，送到了孩子家长手中，孩子家长感动得直落泪。

"每一个人，都需要有一点奉献精神。幼儿园的孩子，也需要体验奉献爱心的快乐。他们会在这件事情中懂得生命的珍贵，学会团结和互助！"管延伟这样理解参与公益的意义，他用自己的行动，诠释着"将奉献写在生命的旗帜上"的誓言，为那些把他看作"老师爸爸"的孩子树立起人生目标和行为标杆。

身边英雄，教科书般的救人

凡人壮举，把大爱刻在每一天的平凡时光里。

2021 年 4 月 21 日这一天，管延伟成为人们心目中的"身边英雄"。快餐店的视频监控记录下了管延伟危急时刻果断施救的一幕。

这天中午，管延伟正在一家快餐店就餐。"快来帮帮她！"一个突兀的声音猛然响起，直刺人的耳膜。管延伟猛然回头，发现后面的餐桌旁，一个女孩浑身抽搐，表情痛苦，正处于一种意识模糊状态。而她身边的人，则是手足无措，慌乱地喊："快打120！"可能是气管异物窒息！敏感的管延伟迅速做出判断，同时疾步走过去："什么情况？"女孩的朋友语速急促地告诉他："她刚才在吃鸡，可能卡到骨头了！"

气管异物窒息，救护的黄金时间只有三四分钟，如果等120来，一切就晚了！掌握安全应急技能的他决定立刻施行海姆立克应急救援法。他从背后一把抱起女孩，攥紧右拳顶住女孩上腹部，再左手抱住右拳，使劲向上冲击。连续做了几次以后，女孩仍旧呼吸困难。是操作姿势不对吗？还是用力不够？短暂的慌乱之后，管延伟迅速稳定心神，深吸一口气，重新调整姿势，再次反复用力向上冲击。终于，一块骨头从女孩的喉咙里吐了出来！处于极度痛苦和害怕之中的女孩，大口地喘着气，脸色慢慢由苍白恢复了红润。

随后，管延伟扶着女孩胳膊，轻轻地拍着她的背，把她交给她的朋友："注意观察一下，看还有没有其他问题。"回到座位继续用餐的管延伟，发现自己拿筷子的手不由自主地颤抖着，很久才平静下来。他庆幸自己很认真地学过应急救护，庆幸自己当时没有丝毫犹豫，内心只有一个念头，那就是施救。

危急时刻，沉着冷静帮他人成功脱险，见义勇为的身影，留在了大家的记忆里，也刻在了大家的心中。在平凡中见证伟大，这种精神在新时代闪闪发光。

在幼教岗位上辛勤耕耘的13年，从幼儿园教育教学工作到安全管理，管延伟实践着"做一件事就要做好，直至把这件事做完美"的教育理想。参加青岛西海岸新区教育和体育局组织的安全应急培训，他不满足于仅仅完成培训任务，而是不断努力，于 2020 年成为中国应急管理学会认可的紧急救援员。这也是管延伟在危急时刻毫不犹豫、快速反应的底气。

这底气，来自管延伟对自身能力的不断追求，来自管延伟朴素的奉献精神和做有教育理想的奉献者的信仰追求。身为幼儿园安全卫生工作的管理者，他始终坚持严格要求，精准指导，在园内积极开展安全教育宣传和避险逃生能力训练活动，帮助老师们熟练掌握安全应急常识和技能，为孩子们筑起健康快乐成长的安全防护墙。这也是管延伟能够成为"身边英雄"的重要基石。

做那束光，烛光点亮小岛

从教初心，将奉献写在生命的旗帜上。

"一个优秀的教师不能把教书看成谋生的手段，而是要毫无私心地投身教育事业中，以教书育人为崇高的职责，并从中享受人生的乐趣，以自身的真诚去换取学生的真诚，以自身的正直去构筑学生的正直，以自身的纯洁去塑造学生的纯洁，以自身的高尚去培养学生的高尚。我愿以'将奉献写在生命的旗帜上'为座右铭，去实现我自己的选择。"

这是 2001 年管延伟写下的人生誓词。那年管延伟刚刚从胶南师范毕业，踏上从教之路。之后，热爱学习的他又考上曲阜师范大学。在教书育人过程中，学而不厌，诲人不倦，而海岛支教磨砺对于他又是影响巨大。

"孩子们给我的爱，远比我付出的多！"说起6年海岛支教，管延伟总是这样说。

2002年，管延伟偶然听说灵山岛上教师紧缺——因为岛上生活艰苦，交通不便，令很多人望而却步，就算用签订3年海岛支教合同的办法，依然无人前往。缺乏师资，岛上孩子们的学习怎么办？当年暑假，他极力说服父母，亲自到积米崖港区表达了上岛支教的决心，成为一名海岛教师。

当时的灵山岛上，教育设施条件远没有现在完善。岛上淡水资源匮乏，遇上旱季，"滴水贵如油"，洗澡成为一种难得的奢侈。遇到海底电缆出现故障，岛上就会停电，只能靠蜡烛点亮小岛的夜晚。冬天，海岛上特别冷，管延伟每天都会第一个来到教室烧起煤炉，将教室烤得暖暖的，等待孩子们的到来。

而一个冬天所用的煤炭，都是由他和同事们一点点从船上卸到码头，再从码头装车拉到学校煤库。有一次他回家看望父母，准备回岛那天却刮起了大风，唯一的客船停航了。他多方打听得知一艘货船正在装货准备去灵山岛。在他的再三请求下，船长勉强同意了载他上岛的请求。风急浪大，管延伟回到岛上的时候，衣服全被打湿了，一场重感冒不期而至，引发了高烧。为了不耽误孩子们的学习，他嘶哑着嗓子，坚持为孩子们上课。而第二天，当他走进教室，看到讲台上的"金嗓子喉宝"、两个红红的大苹果，以及学生手绘的祝福贺卡时，他的眼睛一下子就湿润了。那一刻，海岛上的苦和累，都化作了心头的甜蜜，他感觉值了！

艰苦的条件没有磨灭管延伟扎根灵山岛的决心，他放弃3年协议，在岛上一待就是 6 年。从开始的六年级班主任，到之后担任语文、数学、科学、音乐、体育等多个学科的教学，多才多艺的他成为岛上的全学科教师。他带领孩子们读书、写字、唱歌、打篮球，让孩子们的学习生活变得快乐而富有情趣。

除了用心教授每一节课，他还经常和孩子们坐在一起探讨岛外的世界，鼓励孩子们好好学习，将来走出海岛，见识外面更加精彩的世界。尽管岛上学生数量不多，但每年六一儿童节，他都会隆重地给孩子们排练节目，精心营造节日气氛。2003 年，他带领孩子们排练舞蹈《天竺少女》，每一个动作、每一个队形，他都亲身示范，手把手指导，孩子们从最初的扭扭捏捏、动作不规范，到最后动作舒展熟练，《天竺少女》成为学校当年最精彩的节目，村民们从各个村落聚集到学校观看，好评如潮，他也成为最受孩子们欢迎的"全能老师"。

"把孩子交给管老师，我们放心！"岛上的居民纷纷称赞。海岛支教过程中，管延伟和学生家长建立了家人般的情谊。他的足迹遍布海岛的每一个村落，每一个学生家庭都留下他真诚家访的身影。

管延伟还成为海岛师生和驻岛部队的友谊桥梁。他自告奋勇接手学校鼓号队管理，积极进行整编排练，学校鼓号队演奏水平不断提升。每年的迎新兵、送老兵活动中，他带领着孩子们用庄严的鼓号演奏表达礼敬之情，在孩子们心中播下了报效国家、为国尽忠的理想火种。

"我深爱着这片海岛，这是我情感和灵魂的第二故乡。"6 年的海岛历练，让管延伟日渐成熟，对待工作更加认真细心，对待孩子更加呵护关心，对待生活更加乐观热心。

◎ 管延伟和孩子们在一起

心中有爱，不惧艰苦；甘于奉献，义无反顾；胸怀理想，自带光芒。

管延伟，只是西海岸新区、青岛、山东、全国所有教师的优秀代表。

这些在教育园地中默默耕耘的普通教师，用自己平常生活中踏出的每一步，展现了奉献至上、大爱无疆的师者风采，也让大家看到了社会主义新时代"四有"好老师的精神风貌，更让人从他们身上获得了坚定信仰、踏实前行的力量。

《半岛都市报》2022 年 9 月 13 日

最美
2022
教师

高校银龄教师支援西部计划
教师团队

南开大学银龄教授
退而不休支教边疆

◎ 白佳丽　尹思源

"虽是银龄心未老，愿为教育事业再作些贡献"——在这一信念的感召下，南开大学一批超过 60 岁的银龄教师，跨越 4000 多公里的距离，站在了新疆喀什大学的讲台上。

出发的行囊里，有一份特殊的"礼物"

赵铁锁是南开大学马克思主义学院原院长，也是南开大学第一批"银龄教师支教团"中年纪最大的成员。2021 年，已经 70 岁的他"踩着线儿被录取"。

2020 年教育部启动实施"高校银龄教师支援西部计划"。2021年，南开大学正式参与其中，开始选派新疆喀什大学所需教师，进行为期一年的支教。

赴疆的行囊里，赵铁锁装进了一份特殊的"礼物"——在南开大学执教期间本硕博所有课程课件。

搞了 40 年思政教育的赵铁锁说，站在喀什大学的讲台上，他更加关注各民族年轻学生的所思所想。

学生们发现，新疆"元素"被赵教授一点点巧妙地融入课堂。他讲到了在新疆牺牲的中共一大代表陈潭秋等烈士，讲到了新藏公路零公里附近的烈士陵园，也讲到了广为传颂的胡杨精神。

喀什大学马克思主义学院学生吾热姑丽·阿布都卡地尔这样评价赵教授的课："生动形象、语言风趣，每次我都听得津津有味，收获很大。"而在学生阿依达娜的眼里，赵教授"非常亲切，从不照本宣科"。

只要有需要，我会一直站在讲台上

在南开大学化学学院退休教师姜萍的心里，有一颗多年前被学生播下的种子。

在南开大学任教时，一名新疆学生曾是姜萍的助教。"他总说让我一定到他的家乡喀什看看。"

2021 年，得知南开大学"银龄计划"后，姜萍第一时间报了名。"中午 1 点钟发了邮件报名，下午 5 点就接到喀什大学的电话，问我是不是真的可以到学校教学。"姜萍说。

2021 年秋季学期，姜萍站上了阔别 10 年的讲台。在自我介绍环节，她说她来自祖国的东部，来到这里，跨越了数千里距离。"同学们开始鼓掌，还有同学跟我说，感觉我像妈妈一样。"这让姜萍感到十分幸福。

一段时间后，姜萍发现班上有名学生学习化学十分吃力。姜萍

◎ 南开大学银龄教师支教团合影

开始耐心地为学生解答疑问，课堂之外一对一"开小灶"，每次一讲就是一个多小时。聊得多了，学生也慢慢敞开了心扉，开始给姜萍讲述自己的成长故事甚至烦心事。

在南开大学工作时，姜萍就与学生们结下了浓厚的师生情。如今在喀什大学，她更是成了学生们的"亲人"。"她不仅仅是老师，更像是亲人。我们不仅想跟她学知识，还喜欢跟她聊天。"姜萍的学生凯迪尔耶说。

"我热爱教育工作，喜欢孩子们。跟他们在一起，觉得自己也充满了活力。只要我身体还行、喀什大学有需要，我就一直站在讲台上。"姜萍说。

"输血"变"造血"，银龄教师倾情边疆

在喀什大学一年多的时间，让韩长利对支教的意义有了新思考。

"边疆高校硬件设施已普遍得到明显提升，银龄教师积累的丰富教学经验，应该传授给当地的青年教师们。"

因此，韩长利总是花很多时间与年轻教师们交流心得，把几十年在教学中的感悟倾囊相授，变"输血"为"造血"。

韩长利的老伴李春霞，也是南开大学文学院退休教师。当听说喀什大学师资紧缺，她主动来到喀什，帮助韩长利辅导学生。2022年，李春霞成功入选南开大学第二批"银龄教师支教团"。

韩长利与赵铁锁、姜萍等第一批支教团成员，也决定期满后继续留在喀什大学。

在同伴们的感召下，这几天，南开大学经济学院退休教授陶江也加入了这支队伍，将为喀什大学学生教授宏观经济学课程。"喀什大学现在有不少年轻的少数民族教师，我还有一项重要的工作，就是与他们进行科学研究的深度合作。"陶江说。

"银龄教师有丰富的教育经验和优秀的科研能力，他们不仅能够在西部的讲台上发光发热，更能够助力西部高校的学科建设、科研能力提升，传、帮、带青年教师，为他们树立榜样。"南开大学离退休处领导说。

新华社天津 2022 年 10 月 3 日电

重返讲台，虽是银发心未老

——记高校银龄教师支援西部计划团队

◎ 周世祥

"看到他们，我似乎看到了周恩来与邓颖超、杨绛与钱钟书的影子……每个平凡的日子里，你我步履蹒跚却依旧相互依附，边说边笑……在银龄教师这里，我们学到的不只是知识。"2020 年，从中南财经政法大学退休的周月梅与在武汉大学管理学院任教的丈夫刘伟教授一同报名参与了高校银龄教师支援西部计划。如今，这对伉俪成为滇西应用技术大学的"校园风景"，二人散步的场景都被学生们发了朋友圈。

针对西部地区高校高水平师资不足状况，发挥部直属高校离退休人员政治、经验、威望、专业优势，2020 年，教育部启动"高校银龄教师支援西部计划"试点，决定组织动员部直属 60 所高校具有副高以上职称、年龄不超过 70 岁的退休教师到新疆、云南 3 所高校支教，承担课堂教学、指导科研、培养团队等任务。在试点基础上，2021—2022 学年该计划扩大实施，2 年来共有 100 所学校的 459 名银龄教师远赴西陲，站在了 10 所西部高校的讲台上。虽是银龄心却未老，2022"最美教师团队"的荣誉是对他们的最好礼赞。

他乡为故乡，毕生积累点亮西部高校课堂

到受援高校不只是"换个环境"，不少银龄教师到岗后都觉得"比退休前还累"。

"烂熟于心的教案不能用了"是周月梅上完第一堂课的感受。周月梅原本研究方向是数量经济学，在中南财经政法大学任教期间主要讲授运筹学、博弈论、信息经济学和高等数学一类的课程，但滇西大的学生基础参差不齐，她决定"推倒重来"，根据学生的学习状态重新设计教学方案、重新备课和演算。

"王羲之行书结构中各种短小点画的勾连、分割和呼应，行书流畅惊悚与稳健和谐的艺术风格相互照应，是自然与人文的高度抽象与升华。正如海东地区除了险要之处外，还有缓坡和平坦之处，在'不平衡'中构成了'平衡'，形成了疏密、虚实、动静、刚柔等形式变化之美。"了解到藏族学生德吉卓玛的家乡在青海海东，陕西师范大学援派到青海师范大学的银龄教师徐步从大自然的变化形态这一角度讲解王体行书的结构与用笔规律。德吉卓玛在徐老师的耐心启发下，反复临习《兰亭序》《圣教序》，逐渐把握了王羲之行书的技法要点，极大地提高了学习书法的兴趣和水平。

"有一次，在讲授信号与系统课程的状态方程章节时，她所带的班级有 3 位学生因参加党员发展大会请假没有听课，课后她主动联系这 3 位学生，在一个下午为他们补上落下的功课，跟上课程进

度。"同事这样回忆从武汉大学来到西昌学院的孙洪教授严格要求学生的故事。一到四川西昌就成"大忙人"的她将武大"工程师教育"的教学理念落实到教学过程中，以问题驱动教学内容，以培养创造性思维为重点进行授课，用丰富的案例、通俗易懂的语言赢得学生的欢迎和喜爱。

"还记得刚上戴老师课时，我很拘谨，也很紧张，渴望老师能够指点迷津。后来上戴老师的课成了我的乐趣与享受。他以充足的、贴近生活实际的案例为我们答疑解惑，滋润了我们渴望知识的心灵，使我们能够共情于课堂，乐学于课堂，遇到这样优秀的老师真的是我的幸运。"中国石油大学（北京）克拉玛依校区会计专业学生杨麒民在她的结课报告中这样描述从河北保定来到新疆克拉玛依、开启了"教学第二人生"的戴庆辉。他创新性开启用项目管理的方法开展项目管理的教学活动，探索了介于传统的"课堂灌输式"与现代的"翻转课堂式"之间的新模式，调动学生"我要学"的主动性，得到学生一致好评。

"银龄教师学历层次高、职称高、教学经验丰富、科研能力强，为 236 个专业、679 门课程进行课堂教学累计 72358 个课时，到岗的 459 名教师中，具有正高职称的有 298 名，极大充实了受援高校的师资力量，有效缓解了受援高校师资紧缺特别是高水平师资不足的矛盾，部分银龄教师的教学强度甚至超过了在职时的工作量。"教育部相关负责人表示。

己学亦人学，谆谆教诲启迪青年教师心灵

银龄教师的风采不仅体现在讲台，助力西部高校重要学科点建

◎ 吉林大学银龄教师援疆支教塔里木大学合影

设、助力提升学科服务当地社会发展的水平，给予青年教师以育人理念、专业能力、学术眼光的启迪更是他们发挥余热的最好体现。

"中小学语文教材话语体系问题""我国语言生活派的兴起与喀大语言学科的可为天地""语言生活与语言态度调查方法与实施"……苏新春从厦门大学万里征程来到喀什大学，一个月内就应3个学院邀请开展了3场学术讲座。一来到新疆喀什的他，就敏锐地发现这是一片语言学的热土，他深入南疆各地调研，走访农户和政府部门，了解当地语言生活、国家通用语言文字普及使用情况并为推普工作建言献策。在他的主持推动下，喀什大学人文学院、中国语言学院、外国语学院语言学科的教师、教学资源正在积极整合中，以期打造科学、团结、高效的语言学科研团队，更好发挥辐射、服务南疆的作用。

"年轻老师看到我在场，都张不开嘴，我就做示范，感觉我在爬山耐力上肯定比他们强。"为了提高青年教师野外地质实习教学质量，加强学生野外地质认知能力和学习效果，吉林大学援派到塔里木大学的银龄教师王钢城到天山戈壁进行野外地质考察。他利用自己的无人机和相机进行了大量的航拍，先后完成了 5 个实习基地（线路）的地层年代表与代表性典型地质剖面图的编制和绘制工作，极大地丰富了塔里木大学水利与建筑工程学院工程地质教学实习内容，有效提升了实习教学效果。

想申报项目却不知道计划书怎么写，是不少西部高校"青椒"的困惑。孙洪教授利用主持并完成多项国家高科技 863 项目和国家自然科学基金项目的经历，指导西昌学院教师申报了 6 项国家科研项目，在选题方向、凝练科学问题、研究目的及意义、课题研究内容、研究方案、创新点、项目执行计划、写作技巧等每一个环节都进行了充分的讨论，有的本子反复修改达到 10 余次。一位年轻教师在她的指导下，利用数字化技术保存、开发利用凉山彝族壁画遗产资源，并成功申报了国家民族事务委员会的科研项目，实现二级学院国家级项目零的突破。

"'银龄计划'实施 2 年来，459 名银龄教师参与和指导了 539 个科研项目，参与指导青年教师共计 746 人，为学校发展建言献策 721 条，有效带动了学校教育教学、立德树人、队伍建设、科研创新能力和人才培养质量整体提升。银龄教师也充实了退休时光，更好地实现了家国情怀，实现了老有所为的人生价值。"教育部相关负责人表示。

《光明日报》2022 年 9 月 14 日

南开大学：银龄教师坚守教育初心 夕阳红闪耀西部边疆

◎ 彭未风

日前，由中宣部、教育部和中央广播电视总台联合主办的《闪亮的名字——2022 最美教师发布仪式》播出，其中，高校银龄教师支援西部计划教师团队获评"最美教师团队"。南开大学退休教师韩长利和另外 4 位老教师作为银龄教师代表上台领奖。在南开大学，像韩长利这样的银龄教师还有很多。他们坚守教育初心、退休不褪色，带着教育部和南开大学的嘱托，怀着赤诚与热爱，跨越八千里，到祖国需要的地方继续发光发热，为西部地区高等教育振兴发展贡献着南开力量和南开智慧。

退而不休　他们在西部延续讲台梦

南开大学马克思主义学院原院长赵铁锁教授是 2021 年南开大学"银龄教师支教团"最年长的成员，当初报名的时候，他已经 70 岁了，刚好是报名条件的年龄上限。"我是踩着线儿被录取的，满足了我执教 50 年的心愿，当时是非常欣喜的。"

早在 2020 年教育部启动实施"高校银龄教师支援西部计划"时，南开大学马克思主义学院退休教师傅佩缮就留意了。所以当学校发出"银龄计划"的通知时，他毫不犹豫报了名。

教了一辈子美术的南开大学文学院退休教师韩长利从没想过，自己能在晚年圆梦新疆。2021 年 8 月，看到南开大学"高校银龄教师支援西部计划"的通知后，韩长利的第一反应是："人老了，心不老，既能圆自己搞创作的梦，还能退休后在西部热土干一番新事业，必须报名。"

55 岁那年，姜萍退休了，此后的 10 年间，她虽说没有离开老本行，但基本上都是在做科研，没有上过讲台。"总想着有朝一日能再次站上讲台，能再和学生们在一起。"所以，当她看到学校"银龄计划"的通知时，第一时间报了名。

老有所为　用心上好每一节课

老教师们踏上西部高校的讲台，不仅是为了延续教师梦，更是花了很大精力思考如何上好每一节课。赵铁锁发现，受语言等客观条件的限制，少数民族学生理解能力相对薄弱，这就对思政课备课提出了更大的挑战。"我就琢磨，这个课得抓住年轻人最关心的东西。"

课堂上，傅佩缮发现，同学们听课很认真但是不爱发言。"不交流，你就不知道他们到底听没听懂，课堂质量不好保证。"他利用业余时间捡了 2000 片形态完美完整、色泽金黄深沉的银杏叶，做成银杏叶书签。"我就把银杏叶书签作为积分卡，谁发言，就发给他们一枚书签，现在已经送出去 800 多枚了。"

美术课因其特殊性，除了讲解之外，更多的是示范和交流。但一些少数民族学生受自身语言环境的影响，汉语表达和理解并不是很准确，所以学起来有点吃力。韩长利说："我就一对一给他们指导，一边交流，一边用手比画，这样他们就能理解了。"

姜萍认为，让学生们愿意听、听得懂是她讲课追求的目标。到西部后，姜萍结合当地学生实际情况，逐渐摸索出了一套新的教学方法。每堂课，姜萍都做到"有备而来"，对所教授的内容总能做到认真、深入的分析，并针对学生的接受能力，设计不同的课程类型和教学方法，使爱上课、爱学习的学生越来越多。

《天津教育报》2022 年 9 月 21 日

王亚平 •————————————————————

记中国人民解放军航天员大队特级航天员王亚平

——探索浩瀚宇宙　播种科学梦想

◎ 金正波

　　"大家好，我是王亚平，本次授课由我主讲……"声音从远离地面 300 多公里的天宫一号传回地面课堂，屏幕前的学生凝神屏息，看着由神舟十号乘组航天员进行的现场直播。

　　2013 年 6 月 20 日，中国人第一次把课堂搬到了太空。之后，2021 年 12 月 9 日、2022 年 3 月 23 日，中国人民解放军航天员大队特级航天员王亚平又在中国空间站两度开启"天宫课堂"。

　　从神舟十号到神舟十三号，从天宫一号到中国空间站，2 次飞天，3 次太空授课，一生难忘。王亚平说，"太空教师"是她从事航天事业的一份特别收获，更是人生道路上一枚无比珍贵的"徽章"。

太空课堂，探究宇宙奥秘

2013 年，入选神舟十号载人飞行任务乘组后，王亚平接到了一个特殊任务：在太空给全国中小学生上一课。"从未当过老师的我，第一次站上讲台就是在太空，激动的心情，至今记忆犹新。"王亚平说，带着这样神圣的目标奔赴太空，使命光荣，责任重大。

6 月 20 日那天，在指令长聂海胜和摄像师张晓光的协助下，王亚平通过质量测量、单摆运动、陀螺、水膜和水球等 5 个实验，展示了失重环境下物体运动特性、液体表面张力特性等物理现象，并回答了学生们关于航天器用水、太空垃圾防护、失重对抗和太空景色等问题。

第一次太空授课非常圆满！实验一个比一个精彩，一个比一个引人入胜，学生们看得入迷，几乎忘了老师人在太空、课堂远在 300 多公里的高空。王亚平说："从耳机里，我清晰地听到了同学们惊叹又开心的笑声，听到课堂里一阵阵雷鸣般的掌声。"

"2021 年 12 月 9 日，时隔 8 年后，中国航天员再次进行太空授课，也是在中国空间站首次举办太空授课活动。"课堂上的点点滴滴，王亚平都如数家珍。

把乒乓球放进水里，就能浮上水面。在地球上，似乎是常识，但在太空里呢？王亚平把一个乒乓球放到一杯水里，乒乓球并没有像平常一样浮上水面，而是停留在了水中。

乒乓球为何逃不出"水心"？王亚平耐心地向身处地面的学生们解释："浮力是随着重力产生的，在太空失重环境下，浮力几乎消失，所以乒乓球不能像在地球上一样浮起来。"

分处地球和太空两端，相同的实验，却得出不同的结果。还有什么能比这更能激发孩子们探索宇宙奥秘的欲望？

虽然站在天宫里的只有 3 名航天员，但在摄像机的另一端，有成千上万双对未知充满好奇的眼睛注视着。王亚平说："那一刻，置身浩瀚太空，和同学们'天地连线'，一起分享科学的乐趣，神奇浪漫，惊叹震撼。"

天地互动，点燃科学梦想

2019 年，北京航空航天大学研究生王楠给王亚平写了一封信：

"6 年前，您在天宫一号里给还是高中生的我，讲解什么是'陀螺的定轴性'；6 年后的今天，我坐在北航的实验室里，又研究起了惯性导航系统里的陀螺仪。"

作为当年聆听太空授课的第一届"太空班"学生，她高考时选择了航天相关专业。后来，研究生毕业，正式成为一名航天人……王楠追求梦想的故事只是一个缩影，像她这样热爱航天、投身航天事业的孩子还有很多。

第一次太空授课科普教育活动，激发了广大中小学生对宇宙空间的向往，点燃了他们对学习科技知识的热情，让他们逐渐走近航天、了解航天，也更加热爱航天。王亚平说："这给了我再次飞天的动力，更激励我一定要把第二次、第三次太空授课讲得更好！"

2022 年 3 月 23 日，"天宫课堂"在中国空间站再次开讲，太空"冰雪"实验、液桥演示实验、水油分离实验、太空抛物实验……王亚平又讲了一堂精彩生动的太空科普课。

课堂的最后，还特别进行了"天地连线"，网友们和地面课堂的同学们抛出了很多有趣的问题，3 名航天员一一作答。这些问答，充满奇思妙想。

"我有没有机会成为一名能在太空中做实验的科学家呢？"有人问。

王亚平的授课搭档叶光富鼓励大家："随着空间站的建成，将会有更多的科研人员到空间站来开展科学实验，非常欢迎同学们未来到空间站上来做实验，也可以把自己设计的实验项目提交到空间站来，然后在地面上远程操作。"

太空授课，"天地互动"，点燃了无数中小学生心中的航天梦。正如王楠给王亚平信的结尾写道："或许一直以来，您并不知道我是谁，但您早已成了我追梦路上向往的光。未来我会继续以您为榜样，为中国载人航天事业贡献出属于自己的一份微小却坚定的力量。"

团结协作，共谱航天乐章

奇妙无比的太空授课，背后凝结着无数航天人的心血。看似普通不过的实验，在太空操作起来可能也很费思量。

人在失重环境下连站稳都很难，何况还要开展授课、实验和拍摄？为了完美呈现，王亚平和聂海胜、张晓光一起携手，在地面进行了 200 多个小时的训练，做足了功课。

"就拿水球实验来说，动作轻了重了、水量多了少了，都可能导致水膜破裂。我们就一遍一遍地练；再比如'冰雪'实验，状态很不稳定，一不小心它就会结晶。"王亚平说，"每次实验失败后，我都会和队友们认真查找原因，分析对策，找出窍门，做好预案。"

"天宫课堂"每持续一秒，天宫一号就在太空移动了7800米，王亚平的一举一动，都可能横跨了好几十公里。如何保证40多分钟空中课堂不间断天地传输、每一帧画面清晰稳定，是一次全新的挑战。王亚平介绍，她和专家团队对授课过程中可能出现的问题逐一分析，制定了几十种预案，确保万无一失，以达到最佳效果。

王亚平说："太空授课是航天大协作的缩影！从设计实验内容到准备教案，从研制教具到天地协同配合，每个环节的背后都凝聚着无数航天人、科学家、教育工作者的智慧和艰苦卓绝的努力。"

地面多一份努力，太空多一些从容。正是这种科学求实、严肃认真的工作作风，同舟共济、团结协作的大局观念，激励航天人攻坚克难，让中国航天事业迎来一次又一次突破。

◎ 王亚平在最美教师发布仪式上

　　一堂太空科普课，背后的科技支撑十分强大，集中体现了我国多方面的科技进步和创新。宽敞明亮的"天宫课堂"、流畅的天地双向互动……相比 2013 年在天宫一号进行的首次太空授课，神舟十三号乘组的"天宫课堂"是在中国自主建造的空间站内进行，展示空间更大，通信保障技术更加成熟。一个个细节见证着我国航天科技事业的日新月异。

　　"飞天梦永不失重，科学梦张力无限！"王亚平在太空课堂上的这句结束语，深深扎根在热爱航天、崇尚科学的孩子心中，接力传承，共同谱写中国航天事业的动人乐章。

　　这些年，王亚平到过全国近百所学校，与青少年学生面对面交流。王亚平动情地说："我愿永远做一名孩子们心中的'太空教师'，尽我所能，为孩子们打开神秘太空的大门，带着我们共同的梦想，在科学的世界里自在遨游，飞向更加美好的明天。"

《人民日报》2022 年 9 月 13 日

王亚平：当好航天梦想的
"播种人"

◎ 王凌硕　占　康

进行日常训练，参加航天科普活动，整理调研笔记……最近，新一届全国政协委员、中国人民解放军航天员大队航天员王亚平过得忙碌而充实。

2013年6月，王亚平执行神舟十号载人飞行任务，第一次将课堂搬上太空，成为我国首位"太空教师"。2021年10月，她重返太空执行神舟十三号载人飞行任务，该任务期间，她先后2次开展太空授课，受到广大青少年的欢迎和喜爱。

"太空授课为孩子们播种了梦想，也为我指明了奋斗的方向。我将竭尽所能，把太空科普教育与航天事业融为一体，继续当好青少年的'太空教师'。"王亚平说。

从天宫一号到中国空间站，中国载人航天工程的发展始终与科普教育紧密相连，"天宫课堂"更是成为传播太空知识、播种航天梦想的重要平台。

2021 年 12 月 9 日，王亚平和神舟十三号乘组的另两名航天员翟志刚、叶光富一起，为广大青少年带来了一堂奇妙的太空科普课。在约 60 分钟的授课中，航天员们生动介绍展示了空间站的工作生活场景，演示了微重力环境下神奇物理现象，并讲解了实验背后的科学原理。相比第一次太空授课，王亚平感到更加自信、从容。

自信源于长期的准备。为了当好航天梦想的"播种人"，王亚平一直都在不断学习、沉淀、积累。过去一年来，王亚平在执行神舟十三号载人飞行任务之外，经常参加各种科普活动，获得了"最美太空教师"称号。

"每一次的太空课堂会响起下课铃声，但科学知识的传播不会'下课'。"2023 年，王亚平当选新一届全国政协委员，肩上的责任更重了。她告诉记者，已经准备了有关加强青少年科普教育、提升青少年科学素养的提案。

"在后续空间站任务中，我们会通过建设科普教育基地、征集中小学搭载实验、航天员在轨授课、天地互动交流等多种形式，深入开展科普教育活动。相信通过我们的共同努力，一定会让更多人走近航天、热爱航天。"谈起未来，王亚平充满期待。

《解放军报》2023 年 2 月 14 日

王亚平：太空探索永无止境

◎ 黄　智

"太空探索永无止境，大家好，我是'太空教师'王亚平。"

2022年3月23日是神舟十三号乘组航天员王亚平、翟志刚和叶光富在轨驻留的第159天。返程在即，3名航天员选择在这一天为青少年们讲授"天宫课堂"第二课。

授课时间恰逢北京2022年冬奥会与冬残奥会举行，"太空教师"王亚平也带来了太空"冰雪"实验——只见她拿出一个装有过饱和乙酸钠溶液的透明袋子，袋口连接着一根吸管。接着，她小心翼翼地从袋子里挤出溶液，经过几次尝试后，溶液在吸管口渐渐形成一个透明液体球。"马上就是见证奇迹的时刻了。"王亚平用提前附有少许结晶核的毛根轻轻碰触球体，透明球迅速变成了结晶球，仿佛施了魔法一般，看起来像一颗冰球。

"乙酸钠溶液在温度较高的水中溶解度非常大，很容易形成过饱和溶液，在这种溶液里，只要有一丁点的结晶核颗粒，就能打破它的稳定状态，析出大量的晶体。"王亚平揭示了其中的奥秘，而在溶液析出晶体时，还会释放热量，因此这颗"冰球"摸起来有发热的感觉。

"飞天梦永不失重，科学梦张力无限。"听着王亚平的总结，身在会场的同学们频频点头。通过"天宫课堂"，把太空丰富的科普资源运用好，能够激发社会大众的兴趣，引导青少年弘扬科学精神、激发对航天事业的热爱，更好地发挥我们中国空间站在太空科普教育方面的作用。王亚平看着青少年们跃跃欲试的神态，像极了自己小时候仰望苍穹的模样。

1980年1月，王亚平出生在山东烟台的一个小村庄，父母都是朴实的农民，种植了四五亩樱桃树养活家庭。17岁那年，王亚平凭借过硬的身体素质和优秀的文化课成绩通过了空军选拔，进入长春飞行学院，成为全国第七批37名女飞行员中的一员。1999年，王亚平第一次在教员的带飞下飞上了蓝天，自此开启了与辽阔苍穹的深厚缘分。

2003年，杨利伟实现中国人千年飞天之梦，举世瞩目。当时只有23岁的王亚平，坐在电视机前关注这一历史时刻，脑海中，一个小火苗被点亮了："中国现在有了第一个男航天员，什么时候会有女航天员？如果可能，我要做那个向太空挑战的人。"

加入航天员队伍之后，她才发现光鲜灿烂的时刻只是惊鸿一瞥。在航天员的职业生涯中，只有准备飞行和飞行两种状态，需要面对的是数十年如一日枯燥艰苦的训练和一次次严苛的挑选。虽说和男航天员相比，女航天员在体力方面难免有差距，但王亚平认为，太空环境不会因为女性的到来而改变，也不会因为航天员是女性就降低门槛。

◎ 王亚平在最美教师发布仪式上讲解

　　超重耐力训练中，王亚平在高速旋转的离心机里要承受 8 个 G 的重力加速度，面部扭曲变形，时常感到呼吸困难，甚至连眼泪都甩了出来；救生训练中，无论是野兽出没的丛林，还是风沙漫天的沙漠，抑或是大浪滔天的海洋，她都能从容面对；体能强化训练中，3000 米考核，她比满分标准还提前了 3 分钟。

　　2010 年，王亚平终于圆了航天梦，正式成为中国第二批航天员。她说，航天员的手边都有一个红色按钮，如果在训练中挺不下来可以随时请求暂停，但这么多年来，没有一个航天员碰过这个按钮。2013 年，王亚平与聂海胜、张晓光一起搭乘神舟十号飞向了梦寐以求的太空，成为中国 80 后航天员第一人。同年 7 月，王亚平被中共中央、国务院、中央军委授予"英雄航天员"荣誉称号，并获三级航天功勋奖章。2022 年 1 月 15 日，王亚平在太空工作累计超过 100 天，成为中国首位在轨超 100 天的女航天员。

　　"身处太空时，所看见的世界会让人得到升华，有些东西会变得'很小'，比如得失；有很多东西则变得'很大'，比如对家人、对祖国的爱和牵挂。"王亚平在距离祖国 300 公里的空间站感慨道。

　　2022 年 4 月 16 日，到太空"出差"半年的王亚平回来了，给女儿带回了一颗"星星"。

《中国青年》2022 年第 8 期

2022

最美教师

视
频
·
链
接

中宣部、教育部发布 2022 年 "最美教师" 先进事迹

　　为深入学习贯彻习近平总书记关于教育的重要论述，发掘宣传基层优秀教师典型，展示广大教师时代风采，大力弘扬尊师重教良好风尚，在第三十八个教师节到来之际，中央宣传部、教育部向全社会公开发布 2022 年 "最美教师" 先进事迹。

　　熊有伦、牛雪松、周荣方、李建国、何燕、蒙芳、陈炜、韩龙、祝响响、管延伟等个人和高校银龄教师支援西部计划教师团队，都是来自教育一线的教师和群体。他们中既有坚守在边远艰苦地区的乡村教师和支教教师代表，又有职业教育中达到国家技能大师水平的 "双师型" 教师典型；既有优秀退役军人到欠发达地区担任乡村教师代表，又有在体育教育领域默默奉献培育为国争光运动员的教师典型；既有深受大学生喜爱的思政课教师代表，也有致力于核心技术自主创新的高精尖教师典型……他们涵盖了高教、职教、基教、幼教、特教等各级各类教育，师德表现和教书育人实绩突出、事迹感人，具有广泛的代表性和示范性，充分展示了教师队伍有理想信

◎ 2022年9月9日，中宣部、教育部向全社会公开发布2022年"最美教师"先进事迹。左起：叶萍（代陈炜）、祝响响、李建国、王亚平、熊有伦、牛雪松、周荣方、管延伟、蒙芳、韩龙

念、有道德情操、有扎实学识、有仁爱之心的良好精神风貌。

发布仪式在中央广播电视总台举行，现场播放了"最美教师"先进事迹的视频短片，从不同侧面采访讲述了他们的工作生活感悟。为宣传学习"太空授课"对广大青少年科技教育的重要意义，2022年"最美教师"还推选了"最美太空教师"中国航天员中心王亚平航天员为特别致敬人物。中宣部、教育部负责同志为他们颁发"最美教师"证书。

"最美教师"获得者表示，他们将不忘立德树人初心，牢记为党育人、为国育才使命，自觉践行"四有"好老师标准，努力成为"经师"和"人师"相统一的"大先生"，着力培养担当民族复兴大任的时代新人。广大师生表示，这些"最美教师"扎根讲台默默奉

◎ 最美教师团队代表，左起：韩长利、孙洪、张利、杨微、王钢城

献，把满腔热情和全部精力献给教育事业，彰显了新时代人民教师的理想情操、高尚师德和人格魅力，必将激励全体教师学习最美、争当最美，更好担起学生健康成长指导者和引路人的责任，努力培养出更多德智体美劳全面发展的社会主义建设者和接班人，为加快推进教育现代化、建设教育强国、办好人民满意的教育作出新的更大贡献，以实际行动迎接党的二十大胜利召开。

新华社北京 2022 年 9 月 9 日电

《闪亮的名字——2022 最美教师发布仪式》，中央广播电视总台，2022 年 9 月 9 日